LE FRANÇAIS,
HISTOIRE D'UN COMBAT

CLAUDE HAGÈGE

Le français,
histoire d'un combat

ÉDITIONS MICHEL HAGÈGE

Ce livre est une version élargie du texte en dix épisodes *Le français, histoire d'un combat*, écrit par Claude Hagège, et qui a servi de base à l'émission du même titre, produite et diffusée par la Cinquième chaîne en septembre, octobre et novembre 1996. Le livre intègre certains passages historiques, réécrits par l'auteur, et que le réalisateur, Patrick Cabouat, travaillant en contrat avec la société RCF, a mis en images pour les besoins de cette émission.

© Éditions Michel Hagège, septembre 1996.

ISBN : 978-2-253-94267-2 – 1re publication LGF

SOMMAIRE

INTRODUCTION

L'histoire que je vais raconter est pleine de bruits et de fureurs. Il s'agit de l'histoire de la langue française. Je vous propose de revivre les moments forts de ce combat plus que millénaire.

Les grandes batailles que je vais évoquer ne se résument pas toutes à des joutes oratoires. Parfois, il s'agit de luttes violentes et de victoires remportées dans le sang.

Mais par-delà cette violence, je souhaite également faire partager l'exaltation que l'on peut ressentir pour l'étonnante entreprise qui a fait du français la langue que nous parlons aujourd'hui.

Au combat en faveur du français ont pris part tous les écrivains illustres, qui ont su lui donner son renom et contribuer au rayonnement des valeurs qui fondent la culture française.

À ce combat sont associés aussi tous ceux qui chaque jour, dans le monde, parlent le français, qu'ils soient de France, de Wallonie, de Suisse Romande, du Québec, du Maghreb, d'Afrique, ou d'ailleurs. À travers ce combat, nous savons, nous sentons, qu'il s'agit tout simplement de défendre une certaine manière de concevoir, de dire et d'écrire le monde.

Revendiquer le français comme une langue riche, moderne et efficace, telle est la clé d'une action en faveur de son rayonnement dans le monde de demain. Tel est, aussi, le moyen de témoigner en faveur de toutes les autres langues.

C.H.

CHAPITRE 1

LES SERMENTS DE STRASBOURG
*En 842, l'acte de naissance du français
en tant que langue écrite.*

*"Pro Deo amur et pro Christian
poblo et nostro comun salvament..."*

Manuscrit de Nithard

(en langue romane du IXe siècle, ancêtre du français)
"Pour l'amour de Dieu et pour le salut
commun du peuple chrétien et de nous deux [...]"

*Quand et comment situer la naissance de la langue
française ? C'est pour répondre à cette question à la
fois simple et fondamentale que je me propose de vous
raconter l'extraordinaire épisode qui constitue, en
quelque sorte, l'acte de naissance de notre langue, et
que conte le fameux manuscrit de Nithard.*

Charles (dit "le Chauve") et Louis le Germanique prêtent serment
devant leurs armées, le 14 février 842, sur les bords du Rhin.
Détail d'une gravure de Pontenier, d'après Émile Bayard.

Il nous faut, pour cela, remonter à 768, date de la mort de Pépin le Bref. Ce dernier laisse son vaste empire à ses deux fils, Charlemagne et Carloman. Mais comme Carloman meurt trois ans après son père, Charlemagne se retrouve seul héritier dès 771. Lorsque Charlemagne, à son tour, meurt en 814, ses deux fils aînés, Charles et Pépin, sont déjà morts depuis trois ans. Il ne laisse donc, lui aussi, qu'un seul héritier (les autres enfants mâles prennent des charges d'Église) pour régner sur l'immense empire qu'il a conquis, et qui va du Danemark à la Lombardie : cet unique héritier est son troisième fils, Louis Ier dit le Pieux ou le Débonnaire.

L'empire de Charlemagne et les rivalités

Or Louis Ier, qui régnera jusqu'en 840, date de sa mort, règle cependant sa succession dès 817, en confiant à chacun de ses trois fils le gouvernement d'un royaume séparé. Mais il subordonne Pépin et Louis à Lothaire, son fils aîné, qu'il commence d'associer à la conduite des affaires de l'empire. Par là, Louis le Pieux rompt implicitement avec la tradition

carolingienne de partage. Mais sa première épouse
Ermengarde, mère de ses fils Lothaire, Pépin et Louis
(qui sera appelé "le Germanique"), meurt en 818, et
Louis le Pieux se remarie avec Judith de Bavière, qui
lui donne en 823 un autre fils, le futur Charles le
Chauve, de vingt ou trente ans plus jeune que ses
demi-frères.

Louis le Pieux, sous la pression de Judith, qui le
convainc de ne pas déposséder son plus jeune fils, attribue à celui-ci de vastes territoires, ce qui déclenche la
révolte de Lothaire, lequel se considère comme unique
héritier et voit en ce Charles un rival redoutable. Refu-
sant de se contenter de l'Italie, Lothaire, soutenu par
ses frères Pépin et Louis, détrône leur père à son profit
en 833. Mais Louis le Pieux est rétabli en 835. En 839,
Pépin étant mort l'année précédente, Lothaire fait une
nouvelle tentative de coup d'État pour déposer son
père.

Louis le Pieux essaie de procéder à de nouveaux partages pour satisfaire ses trois fils vivants, mais il meurt
en 840. Lothaire, bien entendu, revendique alors la succession de l'empire, promise par le fameux acte de
817, qu'avaient depuis longtemps remis en cause les
nombreux revirements de Louis le Pieux vieillissant, et
les conflits familiaux nourris par les ambitions de chacun. Il s'ensuit d'âpres discussions. Elles n'ont d'autre
résultat que d'unir contre Lothaire son frère Louis le
Germanique et son demi-frère Charles le Chauve (voir
tableau généalogique). En juin 841, les discussions
sont rompues. Dès lors, l'affrontement devient inéluc-
table. L'armée de Lothaire rencontre à Fontenoy-en-
Puisaye, près d'Auxerre, les armées alliées de Louis le
Germanique et de Charles le Chauve. C'est une bataille
sanglante. Du combat meurtrier, Louis et Charles sor-
tent victorieux, tandis que Lothaire, vaincu, prend la
fuite.

Cette bataille impressionna l'Église, qui commençait
à jouer un rôle d'arbitre. Après avoir, en effet, fourni,

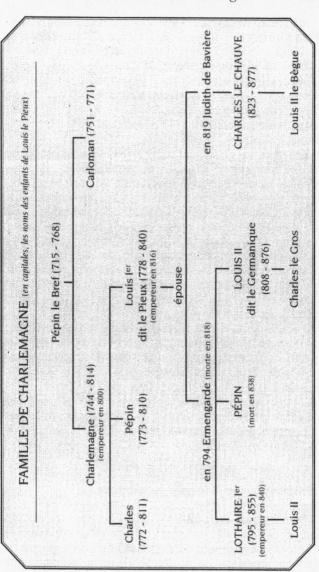

FAMILLE DE CHARLEMAGNE *(en capitales, les noms des enfants de Louis le Pieux)*

Pépin le Bref (715 - 768)

Charlemagne (744 - 814)
(empereur en 800)

Carloman (751 - 771)

Charles
(772 - 811)

Pépin
(773 - 810)

Louis Ier
dit le Pieux (778 - 840)
(empereur en 816)

épouse

en 794 Ermengarde (morte en 818)

en 819 Judith de Bavière

LOTHAIRE Ier
(795 - 855)
(empereur en 840)

PÉPIN
(mort en 838)

LOUIS II
dit le Germanique
(808 - 876)

CHARLES LE CHAUVE
(823 - 877)

Louis II

Charles le Gros

Louis II le Bègue

sous Charlemagne, les cadres d'une haute administration étroitement surveillée, l'Église s'était progressivement imposée comme une force politique dans les
dernières années du règne de Louis le Pieux. Or les
évêques imputent la défaite de Lothaire au désir de
Dieu, qui, par cet événement, s'exprime clairement en
faveur du partage de l'empire. Et c'est ici qu'apparaît
dans toute sa réalité le rôle de la langue dans les décisions politiques.

En effet, les clercs ont alors à résoudre un problème
d'une importance capitale, et la solution qu'ils vont
choisir va décider pour longtemps du sort de l'Occident. Ce problème est simple : quels territoires attri-
buer à chacun des deux vainqueurs ? Il se trouve qu'en
Aquitaine, principale possession de Charles le Chauve,
la population parle une langue romane, c'est-à-dire
issue du latin, et cette langue romane est précisément
l'ancêtre du français tandis qu'en Bavière, principale
possession de Louis le Germanique, il se parle une
langue dont le surnom même de Louis indique à quelle
famille linguistique elle appartient, et qui est l'ancêtre
de l'allemand. Cette frontière linguistique entre une
zone occidentale romanophone et une zone orientale
germanophone était à peu près fixée depuis la romani-
sation des Francs occidentaux, entre le IVe siècle et le VIe
siècle. La seule unité linguistique entre ces deux parties
de l'ancien empire de Charlemagne était réalisée par
le latin, mais il s'agissait d'un code écrit, utilisé par
l'Église et par l'administration, et non de la langue que
parlaient les populations.

Langue romane et langue germanique

Pour consolider l'alliance entre les deux frères, un
an après leur victoire sur Lothaire et un an avant le
traité de Verdun, qui va dessiner une bonne partie de
la configuration politique de l'Europe jusqu'à nos

jours, une rencontre est organisée à Strasbourg, le 14 février 842, entre Louis et Charles, accompagnés de leurs conseillers et de leurs armées.

Si les Serments de Strasbourg revêtent une grande importance pour nous, ce n'est pas seulement parce que chaque roi reconnaît à l'autre la possession de son royaume par le fait même de conclure une alliance contre Lothaire. C'est surtout parce que chacun prête serment dans une langue différente. Et celle dans laquelle Louis le Germanique prête serment d'alliance avec son frère Charles, c'est la langue romane, c'est-à-dire le plus ancien état que nous connaissions du français. En fait, s'il ne s'était agi, pour les deux princes, que de s'entretenir pour fixer les termes d'un accord, tout serait en langue germanique. Car évidemment, comme tous les Carolingiens, Charles, fils d'une mère bavaroise, et Louis, dit le Germanique, étaient germanophones. En outre, parmi leurs conseillers et les cadres de leurs armées, il y avait un mélange de germanophones et de romanophones, en ces temps où militaires et politiques se déplaçaient beaucoup à travers les terres, de langues différentes, qu'avait réunies l'ancien empire de Charlemagne.

Mais le royaume de Charles étant de langue romane, et celui de Louis de langue germanique, prêter serment, pour chacun, dans la langue du royaume de l'autre, c'était fonder politiquement ces deux royaumes sur le critère le plus simple et le plus universel, à savoir, précisément, la langue. Voilà pourquoi Louis le Germanique prête serment dans la langue du royaume de Charles le Chauve, donc en langue romane, tandis que Charles prête serment en langue tudesque, et cela publiquement, devant toute leur suite et tous leurs soldats, témoins de cet acte politique essentiel. Ensuite, tous ceux qui assistent à cette cérémonie prêtent serment à leur tour, s'engageant à ne fournir aucun appui à leur propre roi si celui-ci ne respecte pas son serment.

En août 843, c'est-à-dire un an et quelques mois après les Serments de Strasbourg, les trois frères, Louis, Charles et Lothaire, signent le célèbre traité de Verdun, qui, de tous les partages élaborés entre les successeurs de Charlemagne, devait se révéler celui dont les conséquences politiques furent les plus durables pour l'histoire de l'Europe. En effet, avec des territoires qui, alors, n'étaient évidemment qu'en partie ceux d'à présent, ce sont trois entités politiques de l'Europe aujourd'hui appelées la France, l'Allemagne et l'Italie qui naissent alors ; car on attribue à Charles le Chauve les pays de langue romane situés à l'ouest de la Meuse et du Rhône, Louis le Germanique reçoit les pays de langue germanique situés à l'est du Rhin, et Lothaire obtient le reste, à savoir une mince bande dont le centre sera la Lotharingie de son fils Lothaire II, ainsi que la Bourgogne, la Provence, et surtout la Lombardie (conquête de Charlemagne comme la Saxe de Louis le Germanique) et le Nord de la péninsule italienne. Ainsi, Charles le Chauve était reconnu roi d'un territoire dont les Serments de Strasbourg nous conservent la langue dans la toute première attestation écrite de son histoire. Ce territoire est la plus grande partie de la future France, et cette langue est la première forme connue du français.

Un acte de rébellion face au latin dominant

Il était si nouveau, si sacrilège même, par rapport à la prestigieuse langue de l'empire, symbole de son unité, à savoir le latin, de garder une trace écrite de propos énoncés en langue vulgaire, que nul n'osa consigner les Serments de Strasbourg sous la forme qu'ils prirent réellement. Nul, sauf un seul individu, et quel individu ! Sur la demande de Charles le Chauve, en effet, un homme rédigea une *Histoire des divisions entre les fils de Louis le Débonnaire*. Cet homme était

Nithard, le propre cousin des princes, car il était, par sa mère Berthe, le petit-fils de Charlemagne. Présent lors des Serments, fin lettré et fin politique, ce conseiller de Charles le Chauve était un témoin privilégié, auquel nous devons le célèbre texte.

Dans la deuxième colonne, on peut lire le texte du Serment en langue romane à partir de la cinquième ligne : "Pro Deo amur et pro Christian poblo et nostro comun salvament [...]" ; on trouve la version en langue germanique du même Serment à partir de la seizième ligne : "In Godes minna ind in thes christianes folches ind unser bedhero gehaltnissi", ce qui signifie, dans les deux langues, "pour l'amour de Dieu et pour le salut commun du peuple chrétien et de nous deux [...]". Bien entendu, l'ouvrage de Nithard est écrit en latin, et cette concession capitale aux langues parlées, qui consiste à noter les serments des deux rois tels qu'ils furent effectivement prononcés, est le seul acte de rébellion face au latin dominant.

En fait, comme il arrive souvent au Moyen Âge, il ne s'agit pas du manuscrit autographe de Nithard, mais d'une copie faite vers l'an mille par un scribe pour l'abbaye de Saint-Magloire de Paris. En 1650, elle est achetée par la reine Christine de Suède ; après sa mort, la bibliothèque du Vatican l'acquiert sur achat par le pape Alexandre VIII. Mais un siècle et demi plus tard, en 1798, le manuscrit est saisi avec d'autres par les troupes françaises, lors de leur entrée en Italie. Napoléon restituera ensuite la plupart des manuscrits ainsi saisis, mais celui-ci ne figurera pas dans le lot. Ce dernier acte d'une histoire mouvementée indique assez l'importance considérable de ce manuscrit, qui appartient aujourd'hui au fonds latin de la Bibliothèque nationale. Ce document, c'est, tout simplement, l'acte de naissance de la langue française. De ce fait, il est, quasiment, l'acte de naissance, en prélude au partage fait à Verdun l'année suivante, de la France elle-même.

Roger-Viollet

Le texte des Serments de Strasbourg prêtés
en 842 par les fils de Louis le Débonnaire.
Bibliothèque nationale.

Un texte en langue d'oïl

C'est ce qui explique le nombre énorme des études
qu'il a suscitées : près d'une centaine pour la seule
période de 1870 à 1960, dont bon nombre de contro-
verses sur l'identité exacte de la langue que l'on y
trouve. On voit d'abord que le copiste a corrigé *aiuha*
en *aiudha* à la ligne 15, afin d'être fidèle à la graphie
de ce mot dans sa première mention à la ligne 4, et bien
qu'il ne reprenne pas la graphie exacte *adiudha*, sans
doute parce qu'à l'époque de ce scribe, soit cent
soixante ans après les Serments de Strasbourg, le mot
était plus proche de sa forme moderne *aide* que du

verbe latin *adjutare*, dont on a tiré un substantif en langues romanes. À la ligne 2, le copiste corrige *en avant*, plus proche du français de son époque, par *in avant*, plus proche du latin. En tout cas, la graphie *dh* de la dernière syllabe de *adiudha* note clairement, tout comme la graphie *dh* de *cadhuna* à la ligne 5, qu'au milieu du IXe siècle, le *t* entre deux voyelles s'était sonorisé en un *d*, puis en une consonne interdentale *dh* (*cadhura* vient du mot hybride de latin vulgaire *catau-num* (à premier élément grec *kata*), signifiant "un par un", qui a été remplacé plus tard par *quisque unus*, d'où aujourd'hui *chacun*).

Les spécialistes ont beaucoup débattu et polémiqué à propos de l'appartenance dialectale de la langue des Serments de Strasbourg. On a voulu y voir du lyonnais, ou du picard, ou du poitevin, etc. Ce qui paraît tout à fait certain, c'est que la langue dominante est la langue d'oïl, c'est-à-dire celle du nord de la France, ancêtre du français, qui se distingue de celle du sud, la langue d'oc ou occitan. On en trouve la preuve, notamment, dans le mot *savir*, issu du latin *sapere* par évolution du *p* en un *v* quand il se trouvait entre deux voyelles : aucune autre langue romane, y compris l'occitan, n'a connu cette évolution, qui a abouti au français moderne *savoir*. Une autre caractéristique qui, elle, est attestée aussi dans les autres langues romanes occidentales, est typique d'un changement important par rapport au latin, changement qui s'était amorcé, notamment chez les écrivains d'Afrique, dès le VIe siècle, et qui était déjà commun avant la fin de la période latine dans toute la Romania : le remplacement du futur latin en -*bo* par une périphrase *infinitif* + *verbe* "avoir", d'où, dans notre texte, *salvarai* à la ligne 3 et *prindrai* à la ligne 8, qui sont, respectivement, les produits de *salvar (eh)áb)eo* et de *prehender(eh)á(b)eo*.

Pour conclure, nous nous trouvons donc en face d'un texte capital, à la fois parce que l'emploi de la langue parlée au lieu du latin signe la fin de l'unité de l'empire de Charlemagne (dont le latin était la langue officielle), donc la naissance de l'Europe, et parce que ce texte est aussi l'acte de naissance de la langue française. Cela ne signifie évidemment pas qu'aujourd'hui, pour refaire l'Europe, les langues nationales doivent toutes disparaître au profit d'une seule. Une telle langue n'existe plus : si le latin était acceptable, c'est parce qu'il était alors une langue morte, une langue uniquement écrite. Aujourd'hui, 1154 ans après les Serments de Strasbourg, chacune des langues est devenue, depuis très longtemps pour beaucoup d'entre elles, le symbole dans lequel chaque nation reconnaît et affirme son identité. Dans le cas du français, le lien entre le linguistique et le politique apparaît avec une parfaite clarté : la naissance du français, c'est celle de la France. Les chapitres suivants nous montreront les combats que le français a continué à livrer tout au long de son histoire. Et ces combats sont, toujours, ceux de la France elle-même.

CHAPITRE 2

LA CONQUÊTE DE L'ANGLETERRE
PAR GUILLAUME Iᵉʳ,
DUC DE NORMANDIE
*En 1066, le déferlement des violences guerrières
et l'entrée massive de mots français en anglais.*

"Honni soit qui mal y pense..."

Édouard III, roi d'Angleterre

*Les personnages historiques n'ont pas nécessairement
le même nom selon les peuples qui les désignent. De ce
côté-ci de la Manche, nous donnons le titre prestigieux
de Conquérant au duc Guillaume de Normandie, parce
qu'il conquit l'Angleterre en 1066. Mais du côté
anglais, on n'a pas de raison particulière de le considérer comme un homme glorieux.*

Le château de Falaise (Calvados),
où naquit Guillaume le Conquérant.

Le fils d'Arlette et de Robert le Diable

Il est perçu, essentiellement, comme un envahisseur, et on ne retient, pour le nommer, que ce qu'indique sa naissance : on l'appelle William the Bastard, c'est-à-dire Guillaume le Bâtard, car il était le fils du duc Robert le Diable et d'une Normande, Arlette, fille d'un peaussier de Falaise. Actuellement gros bourg du Calvados, c'est le lieu probable où il naquit, en 1028, dans le beau château du XIᵉ siècle dont on peut voir encore, malgré les nombreuses destructions de la campagne de Normandie durant la Seconde Guerre mondiale, le donjon carré et l'enceinte flanquée de seize tours.

Guillaume était donc un enfant illégitime aux yeux de la règle matrimoniale dans l'aristocratie d'alors. Cependant, Robert le Diable fait reconnaître ce fils, qui n'a que sept ans, comme son héritier, avant de partir pour la Terre Sainte en 1034. Cet acte est capital. Car il prépare le destin de l'Angleterre et de la France, ainsi que celui de leurs langues : le français, comme nous l'avons vu dans le chapitre précédent, commençait à se façonner les traits et à acquérir l'importance politique qui allaient en faire une langue de plus en plus indépendante du latin. Or elle n'a pas plus tôt amorcé les étapes décisives de ce mouvement que déjà, elle se trouve transportée en Angleterre par un épisode dont Guillaume, duc de Normandie, va être le personnage central.

Pourtant, les débuts sont difficiles. En effet, durant toute l'enfance et l'adolescence de Guillaume, les barons, qui le méprisent et ignorent son autorité, ne cessent de fomenter des soulèvements contre lui. Finalement, le jeune duc et ses conseillers parviennent, en 1047, à écraser cette rébellion près de Caen, avec l'assistance du suzerain, c'est-à-dire du roi de France, Henri Ier. Celui-ci, en effet, s'intéressait de près aux affaires du duché de Normandie, car ce territoire, que les Francs avaient organisé en circonscriptions administratives dès le ve siècle, était celui que le roi Charles le Simple, après de nombreuses dévastations par les Vikings, avait dû céder, en 911, au chef normand Rollon.

Les Vikings, proches ancêtres de Guillaume le Conquérant

Mais qui étaient donc ces Vikings, pirates et nomades des mers, venus de Scandinavie, les proches ancêtres de Guillaume le Conquérant, appelés Normands - "Hommes du Nord" - par les Carolingiens ? Pour le comprendre, il faut remonter au début du ve siècle, lorsque l'île de Bretagne se détache de l'empire romain, et qu'Honorius (premier empereur d'occident), impuissant face aux guerriers qui déferlent sur les côtes anglaises, laisse les Bretons affronter eux-mêmes le péril nouveau : dès ce moment, des peuples germains jusque-là installés sur les rives de la Baltique et de la mer du Nord, entreprennent la conquête des Iles Britanniques. Ils appartenaient à quatre tribus germaniques très puissantes, les Saxons (venant du nord de l'Allemagne), les Angles (de la province actuelle du Schleswig), les Jutes (du Danemark) et les Frisons (des

Pays-Bas). Du nom de deux d'entre ces peuples vient le terme anglo-saxon.

Près de quatre siècles plus tard, les Vikings font leur première apparition en baie de Seine. Originaires de Suède, de Norvège et du Danemark, ces redoutables guerriers nomades pillent les villes côtières de la mer de Nord, de la Manche et de l'Océan Atlantique. Ils remontent parfois les fleuves. En 861, Paris est brûlé pour la troisième fois. En 910, le grand chef danois Hrolf, dit Rollon, attaque Paris, mais il est vaincu par Robert, comte de Paris. Il met le siège devant Chartres dès l'année suivante. Il perd sept mille hommes, puis se retire en Normandie. Charles le simple, roi des Francs, croit le moment venu pour traiter et rencontre le chef normand à Saint-Clair, sur la rive gauche de l'Epte (petite rivière qui forme encore aujourd'hui la frontière de la Normandie). L'archevêque de Rouen, Francon, est chargé de morigéner le Normand, puis lui propose de recevoir la fille de Charles en gage de paix. Le Normand accepte aussi l'offre que lui fait le roi de prendre "le pays marin de l'Eure".

Rollon se fait baptiser par Francon, et son exemple est suivi par ses compagnons. Le nouveau duc de Normandie promet alors de ne plus ravager le royaume, et il tiendra parole. Comme celui de Clovis quelques siècles plus tôt, ce baptême revêt en fait une importance considérable, car il marque le début d'une assimilation des Vikings. Et Rollon, le barbare, fera bien plus que tenir parole ; il devient lui-même bâtisseur, relève de leurs ruines des abbayes, construit des villages.

Ainsi, les Normands, qui menaient jusque-là une vie semi-nomade sur terre et sur mer, s'étaient sédentarisés ; en s'installant dans ce pays, ils en avaient adopté non seulement les coutumes, mais aussi la culture. Ils avaient même abandonné leur langue, un dialecte du vieux-norrois, pour apprendre la langue néo-latine qui était en train de s'y développer, c'est-à-dire ce

dialecte local roman, influencé par le picard, le francien (Ile-de-France) et le poitevin (ancêtres du français). Le fils et successeur de Rollon, Guillaume Ier
Longue Épée, dut même, dit-on, envoyer son fils à
Bayeux, où s'était maintenue une école scandinave,
afin qu'il y apprît le vieux-norrois de ses ancêtres.
Après 940, aucun document écrit ne permet de
confirmer que la langue scandinave vécût encore sur
le territoire normand.

Vieux-norrois ? Mais encore ?

D'où venait ce dialecte du vieux-norrois importé par
les Vikings ? C'était en fait une langue proche du scandinave commun et du saxon. Puisqu'il n'existe pas de
traces écrites de cette langue en Normandie, seule la
toponymie l'atteste clairement. C'est une trace incontestable, inscrite dans les noms de lieux.

Certains villages normands portent en effet des noms
germaniques comme Torp-en-Caux, Torp-en Lieuwin
(*torp* signifiant "village"), devenu ensuite tot, comme
dans Yvetot (signifiant "le village d'Yves"), Houlgate
(de *gate* ou *gasse* = "rue"), Barfleur, Harfleur, Hon-
fleur (fleur venant du norrois *flodh*, qui signifie "baie",
"crique"), Dieppe (du mot *diup* = "profond"). Dans le
toponyme Le Houlme, on retrouve le même suffixe
holm ("rivage", "île") que dans Stockholm ; et dans
tous les noms de villages qui se terminent par la syllabe
beuf, celle-ci signifie "demeure" : Quillebeuf, Elbeuf,
Criquebeuf, Daubeuf, etc. N'oublions pas tout l'apport
du scandinave dans le vocabulaire maritime : *cingler,*
hauban, hune, ris, turbot, vague, etc. Tels sont les petits
cadeaux posthumes que nous ont finalement laissés en
héritage ces populations venues à l'origine pour voler
et piller.

Longtemps les ducs de Normandie s'étaient com-
portés en vassaux puissants et peu dociles à l'égard du

roi de France. Mais à partir de Robert le Diable, c'est une politique d'alliance capétienne qui prévaut, et qui accroît encore l'intégration culturelle et linguistique de la Normandie dans le royaume de France. Leur alliance avec le roi de France marque définitivement l'enracinement des Normands sur les terres de leur duché. Le développement de leurs échanges politiques, commerciaux et linguistiques avec les habitants de l'Ile-de-France va se révéler capital pour l'évolution et l'avenir de la France et de la langue française. Et par la suite, au long des Xe, XIe et XIIe siècles, l'ironie de l'histoire voudra que ce soient ces barbares vikings venus des mers qui se révèlent les meilleurs messagers de la langue française (ils pousseront leurs incursions du Danemark à la Sicile, du Danube au Canada).

Guillaume le Conquérant est l'un des meilleurs exemples de cette "francisation" des Danois. Pourquoi Guillaume a-t-il pris le parti d'envahir l'Angleterre? Pour le comprendre, il faut remonter le cours de l'histoire.

La première "bande dessinée" de l'histoire occidentale

En 1042, à la mort d'Harthacnut, dernier roi danois d'Angleterre, la reine mère, une Normande nommée Emma, obtient le rappel de son fils Édouard, qui arrive escorté de 400 Normands et est élu roi par le Witenagemot (l'assemblée des "hommes sages"). Édouard, dit le confesseur, avait passé toute son enfance en Normandie. Il avait ensuite épousé une parente du futur Guillaume le Conquérant. Les deux hommes se connaissaient si bien qu'Édouard avait fait savoir à Guillaume qu'il envisagerait comme tout à fait légitime qu'il prît sa succession sur le trône d'Angleterre. Mais c'était compter sans la faiblesse de caractère d'Édouard, et surtout sans les ambitions des barons anglais, qui ne souhaitaient évidemment pas que le pouvoir central leur échappât ; de fait, surtout occupé des affaires de l'Église, Édouard avait laissé la réalité du pouvoir au comte Harold, fils du roi d'Essex, Godwin.

Le décor du conflit est donc posé lorsqu'Édouard décide d'envoyer Harold en Normandie, afin de confirmer à Guillaume qu'il souhaiterait lui céder son trône. C'est ici que commence le récit de la conquête de l'Angleterre par Guillaume de Normandie, merveilleusement raconté par cette première "bande dessinée" de l'histoire d'Occident qu'est la fameuse tapisserie de Bayeux.

En 1064, Harold, à la suite d'une tempête sur les côtes normandes, avait été recueilli puis retenu prisonnier à la cour de Guillaume, à Rouen. Sous la pression du duc, il avait dû, pour recouvrer sa liberté, faire serment de soutenir la candidature de Guillaume à la succession d'Édouard le Confesseur. En janvier 1066, le roi Édouard meurt. Harold qui s'était empressé, aussitôt rentré, d'oublier sa promesse, s'empare du trône d'Angleterre pour lui-même. C'est pourquoi Guillaume de Normandie, mécontent, débarque en Angleterre, à Pevensey, avec une grosse armée. Harold guerroyait alors dans le nord du pays contre d'autres envahisseurs, commandés par le roi de Norvège. À peine Harold avait-il réussi à les arrêter que la nouvelle lui parvient du débarquement de Guillaume dans le sud. Harold, accompagné de ses barons, descend donc en toute hâte vers le sud, en essayant, sans succès, de trouver des alliés contre les Normands dans les duchés qui jalonnent son parcours. Arrivé près de Hastings le 14 octobre 1066, il choisit à Senlac Hill une hauteur stratégique, où il tient bon jusqu'au moment où une ruse de Guillaume, feignant de battre en retraite, conduit Harold à quitter cette position. Dans la bataille qui s'ensuit, ses frères

Tapisserie de la reine Mathilde (détail).
Le roi Édouard harangue ses fidèles, avant de mourir.
Bayeux, musée de la Tapisserie.

Lewine et Gyrd sont tués. Harold lui-même l'est à son
tour, ce qui entraîne la fuite des Anglais, ainsi privés
de chef. Les Normands brûlent la région située autour
de Londres, qui juge plus sage de capituler.
Guillaume est couronné à Westminster le jour de
Noël.

Ainsi, Guillaume ne succède pas pacifiquement à
Édouard le Confesseur, mais au prix d'un conflit armé,
où il affronte la noblesse anglo-saxonne, la tuant ou la
faisant prisonnière. Celle-ci est donc dépossédée de ses
terres, concédées aux barons normands, qui vont y
imposer une domination d'autant plus rude que la
population va fréquemment se soulever. L'arrivée de
prélats du continent renouvelle aussi le clergé, et à la
fin du XIe siècle, la plupart des abbayes étaient dirigées

par des Normands, tandis que des commerçants de
Caen et de Rouen étaient venus s'installer à Londres.
Quand Guillaume le Conquérant meurt en 1087, il
règne dans le pays un ordre féodal assez strict, assorti
de contrôles et de recensements.

C'est, paradoxalement, cette influence des Normands
sur la loi et l'organisation du royaume d'Angleterre qui
deviendra un des facteurs déterminants de l'émergence
d'une identité nationale anglaise. Guillaume avait
légué le duché de Normandie à son fils aîné Robert
Courteheuse et le royaume d'Angleterre à son cadet
Guillaume II le Roux, auquel succédera le troisième
fils de Guillaume le Conquérant, Henri Ier Beauclerc, à
la fois roi d'Angleterre et duc de Normandie. Mais les
successeurs de Guillaume auront quelque mal à asseoir
leur pouvoir face à une noblesse anglo-saxonne indi-
gnée par ce qu'elle considère comme une usurpation
du pouvoir.

Tous ces événements ont évidemment une incidence
directe sur ce qui nous intéresse ici, à savoir la langue.
Seul le Conquérant commença, dit-on, à quarante-trois
ans, l'étude de l'anglais, afin de rendre la justice à ses
sujets. Mais parmi les classes dirigeantes de la société
normande, ni les rois, ni l'aristocratie ne se donnèrent
cette peine, à commencer par les successeurs de
Guillaume. Car les rois normands d'Angleterre rési-
daient le plus souvent en France, étant en même temps
ducs de Normandie.

Le règne de l'anglo-normand

Ainsi, en Angleterre, la cour, les nobles et les privilé-
giés, riches marchands, évêques, abbés, n'utilisaient
que le parler normand. Et dès le début du XIIe siècle, on
trouve une production littéraire, histoires en vers,
romans légendaires, chroniques, vies de saints, le tout
uniquement en normand. Le petit-fils d'Henri Ier, à

savoir Henri II Plantagenêt, qui monte sur le trône d'Angleterre en 1154, était, en outre, non seulement duc de Normandie, mais aussi comte d'Anjou par son père et duc d'Aquitaine par son mariage avec Aliénor, héritière de cette province. En conséquence, toute la seconde moitié du XIIe siècle est le temps de l'hégémonie du français, sous sa variante normande, dans l'ouest et le nord-ouest de l'Europe, d'autant plus que la plus grande partie de la France appartient à la couronne d'Angleterre.

Mais quelle était, en fait, cette langue néo-latine que les Normands introduisirent en Angleterre ? On l'appelle l'anglo-normand, car elle est la forme que prit en Angleterre le normand, mêlé de picard, qui s'y introduisit avec la conquête. Cependant, au cours du XIIe siècle, un important apport angevin se superpose à l'anglo-normand, et par ailleurs, le caractère composite de cette langue est encore accentué par l'influence, souvent revendiquée consciemment, du français littéraire, tel qu'il était en train de se former sur le continent. Il n'empêche que le vocabulaire de l'anglo-normand est en partie archaïque, comme souvent les langues exportées, tandis qu'à l'inverse, la grammaire évolue plus vite que celle de tous les dialectes de France, qui garderont plus longtemps la déclinaison.

Les Normands ont en tout cas marqué d'une forte empreinte française la langue anglaise, dont le lexique porte encore aujourd'hui la marque de leur passage. D'une manière générale, les mots d'origine française (normande) correspondent à des usages plus recherchés, souvent plus spécialisés, et ceux d'origine anglo-saxonne, à des usages plus familiers, plus adaptés aux réalités pratiques. Il suffit de comparer, par exemple, *to combat* et *to fight* "se battre", *to conceal* et *to hide* "cacher", *to expectorate* et *to spit* "cracher", *to finish* et *to end* "terminer", *to gain* et *to win* "gagner", *to perish* et *to die* "mourir".

De même pour la fleur cultivée, c'est le mot fleur qui est à l'origine de *flower*, tandis que *bloom* et *blossom*, d'origine germanique, désignent les fleurs des arbres. Pour les préparations culinaires élaborées, on trouve *veal*, *mutton* et *beef*, en opposition aux formes traditionnelles *calf*, *sheep* et *ox*, qui désignent l'animal sur pied. On pourrait citer un grand nombre d'autres mots qui sont même passés directement du français vers l'anglais : *promenade, colonel, portmanteau, moustache, scène, vogue, liaison, repartee*, etc.

Mais surtout, l'anglo-normand est intéressant car on perçoit, dans les emprunts que lui a faits l'anglais, un reflet de l'histoire même du français : ainsi, pour guerre et garantie on a en anglais *war* et *warrant*, parce que c'est la forme normande qui est empruntée, laquelle commençait par un *w-*, alors qu'au contraire, *guarantee* sera un emprunt à la forme française d'Ile-de-France, et commencera donc par un *gu-* ; de même, le normand conserve la syllabe *ca* du latin, et la fait donc passer telle quelle en anglais, alors qu'en français, elle devient *cha* : c'est pourquoi le même mot latin *captiare* donne d'abord *to catch* "attraper" par l'intermédiaire de l'anglo-normand, et plus tard *to chase* "chasser" par emprunt au français de Paris.

Le début du déclin

La masse de la population, quant à elle, ne parlait que l'anglais. Mais le français était présent dans les nombreuses familles mixtes, issues de mariages entre Anglais et Normands, qui contribuèrent au renouvellement du visage ethnique de l'Angleterre. Ce fut l'annexion de la Normandie par Philippe Auguste en 1204 qui, en isolant l'Angleterre du continent, entraîna l'apparition d'une conscience nationale anglaise, bien que les Français n'aient pas cessé de se répandre autour de Londres, notamment ceux qui, au XIIIe siècle, sous le règne d'Henri III d'Angleterre, venaient de Provence et du Poitou. Mais on reprocha à ce roi sa politique d'ouverture aux étrangers, et sous la pression nationaliste, l'anglais commença à se substituer au français dans un nombre croissant de domaines durant la fin du XIIIe siècle et la première moitié du XIVe, période d'affirmation politique et linguistique qui culmine en 1362, lorsqu'au Parlement de Londres, le chancelier prononce pour la première fois son discours d'ouverture en anglais.

Il se trouve que ce déclin du français hors de France n'est pas limité à l'Angleterre. Jusqu'à la fin du XIIIe siècle, le prestige du français l'avait fait rayonner dans les cours et les familles nobles à travers l'Europe, de l'Espagne à la Suède en passant par l'Allemagne, l'Italie et la Sicile, où l'immigration angevine s'était faite dans le sillage de la conquête normande ; les croisades avaient même transporté le français à Constantinople, à Chypre, en Palestine, en Syrie. Mais avec le déclin de la féodalité et l'ascension des bourgeoisies nationales imposant leurs langues vernaculaires, le français, à la fin du XIIIe siècle, était en recul partout où l'avait transporté, en même temps que l'occitan pour le sud-est de la France, une civilisation raffinée de l'amour courtois et un type de société qui apparaissaient de plus en plus désuets.

Ainsi, au début du XIVe siècle, la langue française n'est plus la langue dominante en Angleterre, où l'avait introduite, à travers un de ses dialectes, la conquête normande ; et elle est en déclin en Europe, après un temps de rayonnement. Mais elle a laissé, par les innombrables emprunts que lui ont faits l'anglais et, dans une moindre mesure, les autres langues, des traces profondes dans la plus grande partie du continent. Aujourd'hui encore, les armoiries de Grande-Bretagne portent en français l'inscription "Dieu et mon droit". De même, la plus haute distinction de la noblesse anglaise, l'ordre de la Jarretière, conserve respectueu-

sement comme devise l'exclamation du roi Édouard
III, renouant au cours d'un bal la jarretière de sa maîtresse : "Honni soit qui mal y pense". On était en 1347,
et le roi ne parlait pas moins le français que son cousin
le roi de France Philippe VI, qu'il venait de battre, un
an plus tôt, à Crécy.

CHAPITRE 3

EN FRANÇAIS,
ET NON AUTREMENT

*En 1539, l'ordonnance de Villers-Cotterêts
bannit le latin de l'usage juridique et y assure
la domination du français.*

> *"Pourquoi paraît-il inconvenant
> que quelqu'un prononce l'Évangile dans
> la langue où il est né et qu'il comprend :
> le Français en français, le Breton en breton,
> le Germain en germanique ?"*
>
> Érasme

*Même s'il est vrai qu'au début du XIVe siècle, le français
commence d'être supplanté, à l'étranger, par l'essor
des langues nationales et par les changements de
société, ce repli sur la France ne peut empêcher qu'il
retire de son brillant passé un assez grand prestige.*

Érasme, le "prince" des humanistes.
Pinacothèque de Rotterdam.

À ces circonstances historiques s'ajoute le fait qu'en dépit de la progressive réduction de son rayonnement international, le français, du point de vue de son évolution interne, ne cessait de s'affermir.

Le XIVe siècle marque le début de ce qu'on appelle le moyen français, c'est-à-dire l'étape intermédiaire entre le français médiéval, désormais révolu, et les traits qui vont fixer la physionomie moderne de la langue. La décadence de l'ancien français est étrangement parallèle à celle de la France elle-même, qui, au milieu du XIVe siècle, put, un temps, paraître au bord du gouffre, sous les effets cumulés de l'invasion, de la guerre civile, de la peste et de la crise de l'autorité monarchique.

Au même moment, les consonnes et les voyelles perdent leur ancienne prononciation (notamment commencent de disparaître le -r final, et le -e, qui va devenir ce qu'on appelle justement e muet) ; la déclinaison est en pleine décomposition, les conjugaisons sont en train d'acquérir les premiers traits de leur forme moderne, le vocabulaire emprunte aux dialectes et aux langues étrangères.

La France aux XIVᵉ et XVᵉ siècles :
la mort obsidionale

Au milieu du XIVᵉ siècle, s'abat une série de fléaux qui vont marquer profondément et durablement les populations : la peste noire ravage le pays et des villages entiers sont brutalement effacés de la carte ; une succession de mauvaises récoltes entraîne de terribles famines dans le pays ; la reprise du vieux conflit avec l'Angleterre déclenche la guerre de Cent ans. Du peuple accablé par tant d'adversités s'élève cette prière : "Délivrez-nous, Seigneur, de la peste, de la famine et de la guerre". Toutes ces calamités s'accompagnent d'une crise de l'autorité monarchique. Atteint d'aliénation mentale, Charles VI déshérite, au profit du roi d'Angleterre, son fils Charles VII, lequel sera rétabli plus tard grâce à l'intervention de Jeanne d'Arc.

L'art s'imprègne naturellement de la désolation ambiante. La "danse macabre" conduite par la mort, qui entraîne dans le néant rois, princes, chevaliers, bourgeois et pauvres gens, témoigne de cette vision désespérée du monde. Les gisants, que l'on figurait, aux siècles précédents, drapés de sérénité et de majesté, apparaissent désormais en carcasses décharnées, rongées par les vers. L'Église se montre impuissante à apporter des réponses spirituelles aux populations désorientées. Le bas clergé, sans formation intellectuelle, connaît par cœur, et bien souvent sans les comprendre, les formules de latin nécessaires à la messe. François Villon traduit l'omniprésence de la mort dans un verset où il évoque avec un réalisme saisissant la chair dévorée et pourrie, les os devenus cendres et poussières :

> *"La pluye nous a buez et lavez*
> *Et le souleil dessechez et noircis ;*
> *Pies, corbeaulx, nous ont les yeux cavés*
> *Et arraché la barbe et les sourcilz..."*

Le moyen français

Ces vers du très célèbre poème de François Villon, la "Ballade des pendus", qui date de la seconde moitié du XVe siècle, sont pour les linguistes un bon exemple de ce que fut le moyen français. On a parlé l'ancien français, ou français médiéval, jusqu'à la fin du XIIIe siècle. Dans la courbe évolutive de la langue, on peut situer la fin de l'ancien français au moment où le système de la déclinaison à deux cas est profondément atteint, c'est-à-dire dans la seconde moitié du XIIIe siècle. Comme l'on situe généralement l'apparition du français moderne vers 1630, avec la naissance de l'Académie, on peut dire que le moyen français est celui de l'époque de transition, qui a duré près de trois siècles.

Au cours de cette période, le courant épique des romans chevaleresques, tels que la chanson de Roland ou le roman de Perceval, ainsi que la littérature populaire, le Roman de Renart, le Roman de la rose, cèdent le pas aux poèmes, aux chroniques, au théâtre religieux, au théâtre comique, et aux farces du moyen français. En fait le français, ou plus exactement le francien et les parlers voisins, ne sont encore réellement en usage à cette époque que dans la région entourant Paris qui correspond au domaine royal. Au sud de la France, les langues d'oc, par exemple le limousin, le gascon, le languedocien, le provençal, sont illustrées, dès le XIIe siècle, par une riche production littéraire, que transmettent les troubadours, et qui influence la littérature courtoise de l'ancien français.

Mais ce sont des langues éloignées du français. Lorsqu'au XIVe siècle, le pape limousin Clément VI nomme des chanoines limousins auprès de l'évêque de Paris, ces derniers ne comprennent pas la langue de leurs coreligionnaires d'Ile-de-France. Pour communiquer avec eux, ils doivent utiliser le latin, qui est la seule langue que tous possèdent en commun. Le nord de la France, quant à lui, est le domaine des langues d'oïl, picard, champenois, normand, bourguignon, berrichon, etc. On trouve également les langues non romanes, comme le basque, le breton (celtique), le flamand, l'alsacien, etc.

À ce morcellement linguistique correspond un affaiblissement de l'autorité royale. D'une manière ici encore parallèle, le rétablissement de l'autorité politique, le remembrement du domaine royal après la guerre de Cent Ans s'accompagnent, surtout à partir du règne de Louis XI dans la seconde moitié du XVe siècle, d'une intervention de plus en plus précise du pouvoir monarchique sur l'emploi de la langue française. Mais dès la seconde partie du règne de son père Charles VII, en même temps que s'accomplit la réorganisation administrative, financière et militaire du royaume, les visées centralisatrices du pouvoir se précisent par le biais de la langue.

La centralisation monarchique
et la langue du roi

Les premiers Capétiens n'avaient qu'une autorité théorique sur le royaume. En effet, le voyage d'une province à une autre, accompli à cheval sur des routes infestées de brigands, pouvait parfois durer plusieurs jours. En conséquence, l'autorité réelle était exercée par les lointains vassaux. Le grand dessein de tous les rois de France sera donc d'imposer leur autorité par la force, à partir du petit domaine francilien qui constitue le seul territoire qu'ils maîtrisent directement. Dès la fin du XIIe siècle, Philippe Auguste annexe le duché de Normandie. Grand artisan de cette centralisation du pouvoir, il impose aussitôt ses baillis et ses prévôts pour représenter son autorité dans le domaine royal, qui se trouve considérablement accru.

Un siècle plus tard, Philippe le Bel renforce le parlement, qui est alors une émanation de sa cour, en lui confiant une partie de son pouvoir judiciaire. Il le charge également d'enregistrer les lois édictées par lui seul. Pour ce faire, il s'entoure de juristes éminents, ses fameux légistes, ainsi que le fera Charles V, dans la seconde moitié du XIVᵉ siècle. Il convient d'étendre cette administration royale naissante dans tout le reste du royaume ; car les vassaux jouissent encore d'une quasi-indépendance. Le Dauphiné est alors rattaché à la couronne.

Si la guerre de Cent Ans porte un coup d'arrêt à l'extension de l'autorité royale, le mouvement renaît avec Charles VII, qui chasse définitivement les Anglais hors de France, et recouvre l'Aquitaine à l'issue de la bataille de Castillon en 1453. En 1477, Louis XI triomphe de son grand rival, le duc de Bourgogne Charles le Téméraire. Plus pacifiquement, il hérite du Maine et de la Provence en 1481. La carte de la France moderne se dessine progressivement. La Bretagne sera acquise à la couronne après la mort de la duchesse Anne de Bretagne. Cet accroissement graduel du domaine et de l'autorité du roi s'accompagne d'une prise de conscience de plus en plus aiguë de l'outil que représente la langue en tant qu'instrument du pouvoir.

Le roi prescrit officiellement la rédaction des coutumes en vue d'en extraire un code commun. Le français, langue du roi, est un important instrument de pouvoir politique, et l'on n'est pas étonné d'apprendre, en lisant son célèbre conseiller Commynes, que Louis XI, comme Charles VII, "désirait fort que les coutumes fussent mises en français dans un beau livre". Cependant, il convenait de ménager les sensibilités régionales, et notamment celles du Midi. Certes, il est vrai que les Parlements de Toulouse, Bordeaux, Grenoble, ainsi que le Conseil de Provence, commencent, vers la fin du XVᵉ siècle, à rédiger des textes en français, mais cela concerne uniquement les arrêts ; pour toutes les autres catégories d'écritures, on s'en tient à la langue régionale ou, beaucoup plus souvent, au latin. En effet,

Le roi Louis XI (1423-1483) accroît le rôle du français
comme instrument de pouvoir.
Sanguine d'art flamand du XVIᵉ siècle, "Recueil d'Arras".

si paradoxal que cela puisse paraître, le français, qui,
en cette fin du XVᵉ siècle, s'affirmait de plus en plus
comme une langue originale, était encore loin de jouir
de la reconnaissance à laquelle il pouvait prétendre.
Car le latin régnait encore dans les domaines autres
que ceux de la communication individuelle et quotidienne. Ce fut l'effort des humanistes et de leurs pré-

curseurs qui assura la promotion du français. Un bref rappel de ces faits apparaît utile.

Humanisme et Réforme

Apparu au XVe siècle en Italie et diffusé en Europe au siècle suivant, l'humanisme place l'homme au centre de toutes les préoccupations culturelles, esthétiques, philosophiques et religieuses. La redécouverte de textes antiques grecs et latins, après la chute de Constantinople en 1453, conjuguée avec la récente invention de l'imprimerie par Gutenberg, va provoquer un essor sans précédent dans l'histoire de la pensée occidentale. Ainsi que d'autres capitales européennes, Paris et Lyon sont équipées de presses à imprimer dès 1470. Dans le même temps, l'amélioration des moyens de circulation favorise les contacts personnels entre les érudits, et donne naissance à une république des lettres, dont Érasme constitue l'une des figures marquantes. Auteur d'une œuvre abondante, Erasme excelle aussi bien dans la traduction d'ouvrages antiques que dans les écrits moralisateurs.

À travers sa conception du libre arbitre, il affirme la liberté de l'homme face à sa destinée. Une conception novatrice de l'enseignement, en partie inspirée de l'Antiquité, prône une formation à la fois intellectuelle, morale et physique. Certains collèges, adoptant cette conception, créeront ainsi une nouvelle génération de penseurs. Une réflexion qui va être à l'origine de la Réforme se développe alors ; elle est issue de ce mouvement, bien que plus spécifiquement religieuse.

L'Église catholique romaine, ébranlée, cherche à intervenir, mais il est déjà trop tard ; elle ne peut plus désormais empêcher la diffusion du protestantisme. Luther, scandalisé, dénonce avec véhémence la "nouvelle prostituée de Babylone" ; mais par-delà cette expression de circonstance, c'est une nouvelle spiritualité qui déferle sur l'Europe. L'évêque de Meaux, Guillaume Briçonnet, forme alors vers 1520 un cercle de réflexion qui restera cependant fidèle à Rome. Nombre d'humanistes y participent, parmi lesquels on trouve Lefèvre d'Étaples, Guillaume Farel, et la future reine de Navarre, Marguerite, sœur de François Iᵉʳ. Le roi est bienveillant à leur égard, jusqu'au jour où des propositions de Réforme sont affichées sur la porte du château royal. L'affaire des placards déclenche la répression en 1534. À partir de cette date, la rupture entre l'Église et les Réformés, menés par Luther puis par Calvin, est consommée. Le groupe de Meaux se disloque. Certains de ses membres restent dans le giron de Rome, mais d'autres embrassent le protestantisme, dénoncé comme hérétique depuis 1520.

Les résistances du latin

Dès 1515, Érasme, dans son *Enarratio Primi psalmi*, ouvrage sur l'enseignement de la religion, soutient que la doctrine de Jésus peut être comprise du peuple autant que des théologiens. Il écrit dans son introduction :

"Pourquoi paraît-il inconvenant que quelqu'un pro-nonce l'Évangile dans la langue où il est né et qu'il comprend : le Français en français, le Breton en bre-ton, le Germain en germanique [...] ? Ce qui me paraît bien plus inconvenant, ou mieux, ridicule, c'est que les gens sans instruction [...], ainsi que des perroquets, marmottent leurs Psaumes et leur Oraison dominicale en latin, alors qu'ils ne comprennent pas ce qu'ils pro-noncent. Pour moi, d'accord avec saint Jérôme, je [...] considérerais le résultat comme particulièrement magnifique et triomphal, si toutes les langues, toutes les races la (= la croix) célébraient, si le laboureur, au manche de la charrue, chantait en sa langue quelques couplets des psaumes mystiques, si le tisserand, devant son métier, modulait quelque passage de l'Évangile, soulageant ainsi son travail, que le patron, appuyé à son gouvernail, en fredonnât un morceau, qu'enfin, pendant que la mère de famille est assise à sa quenouille, une camarade ou une parente lui en lût à haute voix des fragments."

En 1523, Lefèvre d'Étaples, imitant l'exemple que Luther, un an plus tôt, avait donné pour l'allemand, faisait paraître une traduction du Nouveau Testament en français, avec une préface qui, tout comme celle de Luther en 1515, recommandait qu'on enseignât les Évangiles aux chrétiens en langue vulgaire, seule à être comprise.

Le fougueux prédicateur Guillaume Farel dit la même chose dans son Oraison dominicale de 1524. La cause eut même ses martyrs, dont Étienne Lecourt, brûlé à Rouen en 1533, et Louis de Berquin, sans parler d'Étienne Dolet, auquel on devait faire plus tard, parmi bien d'autres reproches, celui d'être un défenseur du français. En effet, la Sorbonne et les Parlements opposaient à cette promotion de la langue vulgaire une résistance d'autant plus acharnée qu'ils y voyaient une entreprise inspirée des idées de la Réforme. Lefèvre d'Étaples fut plusieurs fois inquiété, et les travaux d'Érasme furent censurés. Les plus hautes instances de l'Église affirmaient que la prière la plus efficace est celle qu'on ne comprend pas, et qu'il n'est pas nécessaire d'entendre le latin pour être croyant, bien au contraire ! L'Église soutenait que le français est trop instable, trop pauvre et trop dépourvu de majesté pour être digne d'un usage en tant que langue sacrée. Ainsi, inquisiteurs et obscurantistes de toutes espèces s'acharnent contre la langue vulgaire, en lui déniant la dignité de servir comme support des Écritures. On est surpris de constater que vers la fin du XVIe siècle, ils recevront une caution aussi prestigieuse que celle de Montaigne, qui considère, lui aussi, qu'il ne faut pas mêler la transcendance de Dieu aux choses ordinaires qui se disent en langue de tous les jours : "Ce n'est pas

Lauros-Giraudon

Supplice d'Étienne Dolet, protestant et défenseur du français ;
peinture de Léon-Charles-Adrien Bailly.
St-Omer, musée de l'hôtel Sandelin.

une histoire à conter", écrit-il, "c'est une histoire à
révérer, craindre et adorer. Plaisantes gens, qui pen-
sent l'avoir rendue palpable au peuple, pour l'avoir
mise en langage populaire !"

Le soutien de la monarchie

En dépit de tant d'adversaires redoutables, si la
langue put néanmoins finir par s'imposer, ce fut
notamment parce qu'elle bénéficia durant tout le XVIᵉ
siècle de l'appui constant du gouvernement royal. Les
innombrables préfaces d'éloge et de reconnaissance
par lesquels s'ouvrent les livres de la plupart des écrivains attestent que la monarchie a protégé et soutenu le
progrès des lettres françaises. François Iᵉʳ, en particulier, comme plus tard Henri III, aimait la littérature,

notamment la poésie et les écrits philosophiques. Ce fut un an après avoir publié son célèbre ouvrage *Champfleury*, première et vibrante apologie de la langue française (1529), que Geoffrey Tory reçut le titre d'imprimeur du roi. Le fameux conseiller de Louis XII, Claude de Seyssel, qui traduisit pour le roi un grand nombre d'ouvrages latins et grecs, voulait, avec son encouragement, créer une littérature en français. Il s'efforça aussi de persuader le roi que l'usage généralisé du français en France servait sa diffusion au-delà du pays et affermissait les conquêtes militaires.

La mort de Louis XI, en 1483, va clore en effet pour la France dix siècles de Moyen Âge. L'Europe commence à apparaître comme un monde dont les frontières sont soudain trop étroites. Alors que l'horizon s'élargit avec la découverte du Nouveau Monde, Charles VIII puis Louis XII vont entraîner le pays dans l'aventure des guerres d'Italie. Si les expéditions militaires ont un succès très éphémère sur le plan politique, l'influence sur le plan culturel est fondamentale. Charles VIII est ébloui par la chartreuse de Pavie ; les Français, qui découvrent une Italie en pleine effervescence artistique, vont rapidement s'imprégner de l'esprit de ce grand atelier de la Renaissance, berceau de l'humanisme.

Quand François Ier accède au trône en 1515, il marque le début de son règne par une victoire éclatante : les troupes milanaises et suisses alliées sont écrasées lors de la bataille de Marignan. En 1516, il arrache au pape Jules II le concordat de Bologne, qui lui assure la mainmise sur le clergé de France. Pour mieux lutter contre Charles Quint, son adversaire irréductible, il cherche en vain à s'allier avec le roi d'Angleterre Henri VIII, lors de l'entrevue du camp du Drap d'Or. Parallèlement, il développe, avec l'appui de juristes comme Claude de Seyssel, une nouvelle conception du pouvoir royal. Dorénavant, le roi, souverain en son royaume, ne doit rendre de compte à personne, ni au pape ni à l'empereur. Enfin, inspiré des nouvelles idées qui triomphent en Italie, François Ier fonde en 1530 le futur collège de France, en opposition à la Sorbonne, peuplée d'ecclésiastiques farouchement attachés au latin. C'est alors un Collège Royal, constitué de six chaires qui sont symboliquement affectées à des disciplines tenues pour trop négligées jusque-là : trois pour l'hébreu, deux pour le grec et une pour les mathématiques. Les titulaires sont des lecteurs royaux, c'est-à-dire des traducteurs auprès du monarque. La fondation du Collège Royal symbolise l'appel des intellectuels à leur roi. Il n'est pas exclu que l'université de Louvain, en Flandres, ait servi de modèle. Quoi qu'il en soit, c'est probablement Guillaume Budé qui suggéra au roi la fondation du Collège.

Une date capitale dans l'histoire de France

La situation est donc mûre, à présent, pour la grande décision royale que l'on connaît sous le nom d'Ordonnance de Villers-Cotterêts. En fait, ce n'était pas le premier document de ce type. D'autres existaient depuis la fin du XVe siècle, qui ont ceci de très intéressant que les dialectes et langues régionales de France y apparaissent comme idiomes concurrents du français tout autant que le latin. En effet, l'ordonnance de 1490 admet le choix entre le français et le langage "maternel" ; celle de 1510 prescrit encore "le langage du pays". En 1531, répondant à Nîmes aux remontrances des états généraux du Languedoc, François Ier confirmait l'ordonnance de Louis XII au profit des langues régionales en précisant : «les trois estats de nos pays de Languedoc nous ayant humblement fait dire et remontrer que lesdits notaires escrivoient en latin et autres langages que ceux qui font lesdits contractz et dispositions, [...] ordonnons et enjoignons auxdits notaires

Giraudon

Par l'ordonnance de Villers-Cotterêts,
François Ier a rendu obligatoire l'usage du français
dans les actes juridiques. Musée de Chantilly.

passer et escrivre tous et chacun en langue vulgaire des contractants. »

Avec l'ordonnance de 1535, un pas est franchi, car elle prescrit le français "ou à tout le moins le vulgaire du pays". Ces trois ordonnances royales sur les écrits de justice sont probablement inspirées par l'exemple de l'Italie où, dès la fin du XIVe siècle, on s'était efforcé de promouvoir la langue vulgaire, c'est-à-dire l'italien de Toscane, contre le latin. Si l'on peut dire que quatre ans plus tard, en 1539, François Ier proscrit tout retour à l'état ancien, c'est dans la mesure où il n'est plus question, alors, de laisser un choix entre le français et le latin, ni entre le français et le dialecte local. Car dans ce code en cent quatre-vingt-douze articles, qui est une réforme de la procédure judiciaire et qui se présente comme "Ordonnances du roi François Ier sur le faict de la justice et abréviation des procès", les articles 110 et 111 sur la langue des actes et opérations de justice sont ainsi rédigés :

"Afin qu'il n'y ait cause de douter sur l'intelligence desdits arrets, nous voulons et ordonnons qu'ils soient faits et escrits si clairement, qu'il n'y ait ni puisse avoir aucune ambiguité ou incertitude, ni lieu à demander interprétation. Et pour ce que de telles choses sont souvent advenues sur l'intelligence des mots latins contenus esdits arrests, nous voulons d'ores en avant que tous arrests, ensemble toutes autres procédures, soient de nos cours souveraines et autres subalternes et inférieures, soient de registres, enquetes, commissions, sentences, testaments, et autres quelconques actes et exploicts de justice, ou qui en dépendent, soient prononcez, enregistrez et delivrez aux parties en langage maternel français et non autrement."

Il s'agit évidemment d'une date capitale dans l'histoire du français. Car si le besoin de clarté, invoqué dans cet article, avait été une raison sérieuse, et non un prétexte, on aurait admis, comme dans les ordonnances précédentes, l'emploi des idiomes dialectaux. Or l'ordonnance stipule sèchement que tout doit désormais être rédigé "en langage maternel français et non autrement". Et rien ne put s'opposer à cette décision royale : on demeura sourd aux nombreuses récriminations des parlements provinciaux, que plus tard le grammairien Ramus appellera "crieries" et "merveilleuses complainctes". Certes, le droit continua de s'enseigner en latin dans les universités. Mais sur ordre du roi, la langue du roi, le français, entrait partout où se trouvait la véritable vie juridique, c'est-à-dire dans les actes de justice de l'existence quotidienne. L'ordonnance de Beaulieu, en 1564, n'aura plus qu'à étendre la règle aux protocoles de vérification des lettres royales et aux réponses sur requêtes. C'est en français que désormais l'administration parla et délibéra, en français que désormais furent rédigées les coutumes.

Ainsi s'achève une étape qui avait commencé au début du XIVe siècle, avec l'affermissement d'une monarchie nationale, entre les derniers Capétiens et les premiers Valois, et s'était poursuivie durant tout le XVe, à travers les graves épreuves des guerres et autres fléaux. Au milieu du XVIe, tout comme le pouvoir monarchique, qui résistera à la crise des guerres de religion dans le dernier tiers du siècle, la langue française est désormais fermement établie comme celle qui s'utilise dans tous les domaines de la vie.

CHAPITRE 4

NAISSANCE
DE L'ACADÉMIE FRANÇAISE
*La maîtrise du pouvoir politique
sur la langue devient étroite.*

> *"Ce sont deux choses de condamner une façon
> de parler comme mauvaise, et d'en substituer
> une autre en sa place, qui soit bonne. Les Maistres m'ont
> appris que cette façon d'escrire est vicieuse ;
> je m'acquitte de mon devoir,
> en le déclarant au public,
> sans que je sois obligé de réparer la faute."*
>
> Vaugelas

*Vers le milieu du XVIᵉ siècle, alors que l'ordonnance de
Villers-Cotterêts venait d'établir fermement et définitivement le français comme langue de l'administration
royale, des écrivains et des poètes, s'engageant dans la
direction ainsi indiquée par le pouvoir, veulent libérer
la langue de sa gangue liturgique et médiévale.*

François de Malherbe, poète, "faiseur de langue";
gravure de Lubin, Paris, Bibliothèque nationale.

Un grand lettré et fondateur religieux, Calvin, fit beaucoup pour la promotion du français au XVIe siècle, mais il convient aussi d'insister sur le rôle des poètes. Ronsard, le premier, a l'idée de créer la Pléiade, en hommage à la Pléiade antique, qui désignait sept illustres poètes grecs. Il regroupe autour de lui Joachim Du Bellay, Dorat (savant helléniste), Jean-Antoine de Baïf, Rémy Belleau, Pontus de Tyard et Jodelle.

Du Bellay et la Pléiade

Mais c'est Du Bellay qui est le premier à théoriser les idées de ce groupe. 1549 est la date de naissance de la Pléiade, car c'est l'année où il publie ce qui constitue de fait son manifeste : la fameuse *Défense et illustration de la langue française*. Son idée maîtresse est de rejeter l'héritage du Moyen Âge et de recréer une langue poétique, des rythmes et des règles, à l'exemple des Anciens et des Italiens. Ainsi proclame-t-il :

"Lis donc, ô poète futur, les exemplaires grecs et latins ; puis me laisse toutes ces vieilles poésies françaises aux jeux floraux de Toulouse et au jury de Rouen, comme rondeaux, ballades, virelais, chants

royaux, chansons et autres bêtes épisseries qui corrom-
pent le goût de notre langue et ne servent sinon à porter témoignage de notre ignorance."

Dans le souci d'enrichir la langue d'un vocabulaire
aussi étendu que possible, Du Bellay recommande
d'emprunter aux dialectes, aux archaïsmes, aux pays
voisins, et, pour les termes techniques, au grec et au
latin. Il conseille aux auteurs de ne pas craindre d'in-
venter des néologismes.

À titre d'exemples des emprunts dialectaux, Montaigne utilise le mot gascon *bavasser*, qui veut dire
"bavarder". Rabelais puise le mot *chapoter*, qui veut
dire "frapper", dans le dialecte de Lyon. Un exemple
d'emprunt d'archaïsmes peut être relevé chez Ronsard,
qui utilise un mot ancien, *traitis*, lequel signifie "joli,
bien fait". Souvent, ces mots nouveaux sont tirés d'in-
finitifs, comme le *départir,* trouvé par Rabelais, ou
bien encore *mon dormir, mon taire, mon oublier.* On
emprunte également à l'italien : *adoulorer* vient d'*ad-
dolorare*, ou à l'espagnol : *mascarada* deviendra *mas-
carade* en français.

Ronsard publie en 1550 les quatre livres d'*Odes*, où
transparaît l'attitude constante de la Pléiade : le
mépris pour les marotiques (disciples de Clément
Marot) et les poètes courtisans. Dans son avis "Au
Lecteur", il traite dédaigneusement ses devanciers et
affirme ne rien leur devoir, ayant pris "style à part,
sens à part, œuvre à part". Ces *Odes* rencontrent un
très grand succès, qui se confirme en 1555, quand
toute la cour fredonne :

> *"Mignonne, allons voir si la rose [...]"*.

Pour faire triompher le français, rien ne vaut
l'exemple d'une poésie réussie. Grâce à l'élan d'enthousiasme provoqué par les poèmes de la Pléiade, le
français s'impose en France comme la langue de la littérature ; et du même coup, il pénètre peu à peu dans

toutes les sciences, notamment médicale, mathématique, philosophique, historique.

Il faut souligner que la Pléiade, qui prône le retour aux sources, s'accorde bien avec les idées réformistes de l'époque. Mais la mort de Ronsard en 1585, et le rétablissement progressif de l'ordre et de la paix, marquent bientôt son déclin. En réaction au foisonnement d'innovations linguistiques, presque anarchique, qu'elle a prôné, succède un besoin plus ou moins conscient de simplicité dans le style, et de respect d'une grammaire qui reste encore à établir. Les critiques se font de plus en plus vives.

Pour la plupart, elles sont justifiées, car loin d'affranchir la langue française des langues anciennes, cet enrichissement du vocabulaire a eu pour résultat d'accroître son inféodation, dans la mesure même où c'étaient le grec et le latin qui fournissaient les bases de nombreux néologismes savants. La Pléiade reste pourtant un mouvement littéraire important, non seulement par ses œuvres, mais aussi par l'influence qu'elle a exercée sur la langue ; avec les libertés prises par les poètes, la syntaxe moderne se prépare, l'ordre des mots dans la phrase se régularise, bien que parfois on le manipule pour faire coïncider une rime. Et surtout, un résultat considérable est acquis : même si l'on blâme ces auteurs iconoclastes, plus personne ne songe à remettre en question l'instrument qu'ils ont profondément remanié, c'est-à-dire la langue française.

Malherbe : le retour à la discipline de la langue

En même temps que se rétablit le pouvoir royal dans une France qui s'élève au rang de grande puissance européenne, on observe une remise en question du travail de la Pléiade. C'est à cette même époque que se construit le talent et que se forge la réputation du poète

Malherbe. Après avoir écrit une *Ode à Marie de Médicis pour sa bienvenue en France* en 1600, puis une *Prière pour le roi Henri le Grand allant au Limousin* en 1605, il se concilie les faveurs du monarque, qui le nomme gentilhomme de la Chambre.

Entré à la cour, le poète acquiert bientôt une autorité de chef d'école et de maître de la langue. À la différence de Ronsard, dont il dénonce l'œuvre entière, Malherbe ne fait jamais étalage de sa subjectivité. Il réprouve le pillage des Anciens. Il recommande les thèmes qui intéressent les hommes en général, qui relèvent de la raison, de l'expérience, de la vérité du temps présent. Il écrit surtout des œuvres de circonstances : sur la France restaurée, l'ordre rétabli. Un peu plus tard, en 1610, il compose une *Ode à la reine mère sur l'heureux succès de sa régence*. On peut citer encore, de 1627, son *Ode à Louis XIII allant châtier la rébellion des Rochelais*. Ses vers sont toujours d'une facture irréprochable. Et précisément, Malherbe impose des règles sévères à l'alexandrin : il interdit les hiatus, les enjambements et les inversions.

Il exige les rimes riches. Il s'intéresse de près, par ailleurs, aux différents registres. Les langages utilisés en ce début de XVIIᵉ siècle sont en effet divers. Outre les différents dialectes, il existe la langue des savants : le latin, puis le langage du Palais, utilisé par les hommes de loi depuis l'ordonnance de Villers-Cotterêts, enfin le langage de la ville et celui de la cour (par la cour, il faut entendre non seulement le roi, les princes et leur entourage immédiat, mais aussi tous ceux qu'ils reçoivent ou fréquentent). Naturellement, la bonne langue est celle qui est issue de l'aristocratie. C'est au perfectionnement de cette langue que va se consacrer tout le travail de Malherbe.

Son fameux *Commentaire sur Desportes* ouvre le règne de la grammaire, qui, en France plus qu'ailleurs, sera long et autoritaire. Malherbe considère que des règles infaillibles dominent la langue. Il rejette les emprunts, que ce soit de mots comme *cave* (*"creux"*), ou d'expressions comme *larges pleurs*, ou de constructions de phrases qui sont "bonnes en latin", mais "ne valent rien en françois". Il condamne les mots dialectaux : *jà, gonflé, poursuivir* sont des vocables issus de parlers locaux, donc à bannir du langage courtisan. Il réprouve également les termes techniques, l'abondance des dérivations savantes, l'envahissement de l'italianisme et de la préciosité. Son premier travail consiste à écarter ces éléments étrangers, et les néologismes comme *porte-ciel, blond-dorez*, etc. Il débarrasse la langue des noms tirés d'adjectifs : ce n'est pas parce qu'on peut dire *la belle*, qu'on doit dire *la dure*.

Par la suite, Malherbe fait une distinction entre les catégories de mots : il y a désormais les mots nobles et les mots bas, dont la haute poésie ne peut s'accommoder. Parmi les mots bas figurent *chose, poitrine*, qui deviennent donc suspects. Durant plus d'un demi-siècle, le mot *poitrine* est tout bonnement abandonné par les écrivains. Travailleur acharné, Malherbe, quelles que soient les catégories grammaticales - genre, nombre, cas, degré des adjectifs, personne, temps, mode - les a toutes disséquées, retouchées, corrigées. Désireux de se faire entendre du plus grand nombre, il réclame un vocabulaire purement français.

Pour cette raison, il défend la clarté du style, même au prix de la lourdeur (demandant, par exemple, que l'on répète la préposition dans des groupes coordonnés comme : *par mes pleurs et par mes soupirs*). Il recommande aussi la réduction du nombre des synonymes, sans craindre les répétitions et les surcharges, et parfois au risque de supprimer des mots nécessaires, dont on pourra un jour regretter la perte. Il entend donner à la phrase un tracé quasi géométrique, où la part de l'imprévu se trouve limitée.

Ennemi de la fantaisie et du symbolisme, il contribue ainsi à établir une langue pure, légèrement appauvrie mais claire, juste, et relativement stable, à travers

laquelle se dessinent déjà les grandes lignes du classi-
cisme. "L'homme est un roseau pensant", disait Pascal.
La raison doit donc triompher des passions, et la langue
doit contenir et réglementer les pulsions.

> *"Ce qui se conçoit bien s'énonce clairement*
> *Et les mots pour le dire arrivent aisément,"*

écrira Boileau. Avec Malherbe, après avoir subi les
inconvénients de l'anarchie, la langue connaît ceux
d'un pouvoir qui la régente.

Vaugelas l'arbitre

Cet enseignement impose donc au français sa forme
classique, que défendront encore, dans la lignée de
Malherbe, des écrivains comme d'Urfé, Balzac (Jean-
Louis Guez de), et surtout Vaugelas, lequel publiera
plus tard, en 1647, ses fameuses *Remarques sur la
langue française*. Vaugelas fait, à propos de la langue,
la distinction entre le bon et le mauvais usage. Le mauvais usage appartient au plus grand nombre de personnes, tandis que le bon usage est composé de l'élite
des voix, c'est-à-dire "la plus saine partie des auteurs
du temps". Pour Vaugelas, il n'y a pas lieu d'hésiter
entre l'usage de la cour et celui de la ville, quand bien
même un terme aurait, pour se justifier, sa large diffusion auprès des gens de métier. Par exemple, les gens
de mer disent *naviguer,* la cour et les bons auteurs *navi-
ger* : c'est de cette manière-là qu'il faut le dire. Il est
amusant de constater qu'aujourd'hui nous disons pourtant *naviguer*. Cela tend à prouver que la langue a son
propre dynamisme, quelles que soient les contraintes
dans lesquelles entend l'enserrer une politique gram-
mairienne.

Vaugelas contribue fortement à séparer la langue littéraire de la langue vulgaire. Selon lui, un écrivain

Giraudon

Portrait de Vaugelas, l'arbitre de la langue.
Château de Versailles.

digne de ce nom ne peut plus se compromettre à favoriser le mauvaise usage. Seuls les genres burlesques,
comiques et satiriques peuvent s'en accommoder. L'autorité de Vaugelas fut servie par le fait qu'elle s'exerça
dans un cadre propice, celui que lui fournit une illustre
compagnie : l'Académie française. Henri III avait
patronné l'Académie du Palais, qui avait joué un rôle
important dans la reconnaissance de Ronsard comme
prince des poètes français. Sous ce règne comme sous
celui de Charles IX précédemment, des écrivains se
réunissaient chez divers lettrés et femmes du monde.
Poursuivant cette tradition, quelques amis de la littérature, comme Godeau, Habert, Malleville et d'autres,
prirent l'habitude vers 1625, de se livrer à de doctes
entretiens sur les belles-lettres chez l'érudit Conrart,

conseiller royal. Or Richelieu, qui aimait la langue française et se piquait de bien l'écrire, songeait, au même moment, à lui donner, comme à l'État lui-même, une loi officielle. Le cardinal, qui avait déjà autour de lui un cénacle de lettrés, fut informé des réunions chez Conrart par l'érudit Chapelain, qu'une ode flatteuse avait poussé dans les bonnes grâces de Richelieu. Chapelain était en relation avec l'Académie florentine de la Crusca (qui devait, en 1654, l'inscrire, en même temps que le grammairien Ménage, parmi ses membres).

Il admirait cette compagnie italienne et rêvait d'une compagnie semblable en France, souhaitant constituer, à partir des réunions chez Conrart, auxquelles il participait, une institution d'État. Il en fit donc la suggestion à Richelieu, qui envoya son secrétaire Boisrobert, lui-même membre de ce groupe, offrir à ces lettrés sa pro-

Établissement
de l'Académie française
au Louvre en 1672.
Paris, Bibliothèque
nationale, gravure du XVIIe.

tection, et leur demander s'ils ne souhaitaient pas s'as-
sembler régulièrement et faire corps sous une autorité
publique, avec la mission de réglementer la langue
française. Le cardinal avait appris, en effet, que ces
érudits puristes étaient à la recherche d'une forme
exemplaire du français. Tout comme Malherbe, auteur
de trois poèmes panégyriques célébrant Richelieu,
c'étaient des écrivains loyalistes, attachés à l'affermissement de la langue comme reflet de celui de l'État.
Certes, ils marquèrent d'abord, au nom de leur liberté,
quelque réticence face à cette pression d'un pouvoir
politique désireux d'encadrer leur projet. Mais ils en
admirent bientôt les avantages. Une compagnie fut fondée, qui comprenait à l'origine vingt-sept membres,
tint sa première séance le 13 mars 1634, et se donna
huit jours plus tard le nom d'Académie française. Le

25 janvier 1635, l'Académie reçut les lettres patentes du roi. Elle était devenue, à la différence du cénacle privé de Richelieu lui-même, un corps officiel de l'État monarchique.

La mission de l'Académie fut établie par ses statuts, comportant cinquante articles, dont les principaux sont les articles 24, 25 et 26 : le premier prescrit aux académiciens de donner des règles certaines à la langue française, de la rendre pure, éloquente et capable de traiter les arts et les sciences ; selon le deuxième article, il convient de puiser dans les meilleurs auteurs des modèles de dictions et de phrases ; le troisième article stipule qu'il sera composé un dictionnaire, une grammaire, une rhétorique et une poétique. Tous ces articles, fixés par Chapelain dès 1634, répondaient au désir de Richelieu. Mais Vaugelas, chargé du dictionnaire, et qui tardait à le rédiger du fait que les subventions n'arrivaient pas, meurt en 1650. Le dictionnaire ne paraîtra qu'en 1694, longtemps après la confortable installation de l'Académie au Louvre par Colbert (1672).

"Le sublime, le médiocre et le bas ou comique"

Ainsi, Chapelain était parvenu à obtenir pour son académie un protecteur et des lettres patentes, comme les possédait la Crusca, placée sous la protection de Pierre de Médicis. Mais l'inspiration de l'Académie française n'était pas aussi proche qu'il pourrait paraître de celle de la Crusca, dominée par le très puriste Leonardo Salviati, et qui, dans son *Vocabolario*, publié dès 1612, s'était érigée en tribunal intransigeant de la langue italienne, prônant pour modèle le style des écrivains des XIIIe et XIVe siècles, en particulier les trois grands : Dante, Pétrarque et Boccace.

Certes, l'Académie française distingue "trois genres d'écrire : le sublime, le médiocre et le bas ou comique".

Mais la tradition dont elle s'inspire est plutôt celle de l'humanisme français, qui, dans la première moitié du XVIᵉ siècle, avant la Pléiade, avait tracé le programme d'une langue classique. La forme que prend cette dernière un siècle plus tard à travers les recommandations des académiciens, est, bien qu'éloignée des usages parlés, moins élitiste qu'il n'y paraît. N'oublions pas que Malherbe, qui sert toujours de référence implicite, souhaitait être entendu des "crocheteurs du Port au Foin". Ainsi, la langue dont l'Académie se considère comme la dépositaire et la gardienne est, bien qu'écrite, tout autre chose que purement savante. La mission consiste précisément à discuter de la légitimité, du sens et de l'orthographe des mots. Les académiciens délibèrent sur l'opportunité de supprimer un vieux mot comme *milice*. On assiste à des discussions interminables pour savoir si l'on doit dire : *jusques aujourd'huy*, ou bien *jusques à aujourd'huy*. Une fois établies, les règles sont observées à la lettre. Par conséquent, il n'y a plus qu'une seule façon de dire, et une manière obligatoire d'écrire.

Les arrêts sont sévères, les discussions le plus souvent justifiées par le souci de la clarté. L'académie se montre prudente, car ses décisions peuvent compromettre la langue littéraire, quand celles de ses prédécesseurs ne pouvaient que l'incommoder. Elle est ennemie du jargon de spécialité comme du pédantisme latinisant ; le choix des mots consacrés par un usage reconnu, l'élégance, la clarté, l'éloquence ont précisément pour fonction d'atteindre le grand nombre de ceux qui ont en partage la langue la plus simple.

Par là, le français classique, que l'Académie française a si puissamment contribué à fixer, s'oppose à la langue docte du Parlement, où l'on prise fort une culture érudite néo-latine, celle-là même contre laquelle l'Ordonnance de Villers-Cotterêts avait permis au français de s'affranchir. Il n'est donc pas étonnant que dans la Querelle des Anciens et des Modernes, qu'ouvrit en 1669 le livre de Le Laboureur *Avantages de la langue française sur la langue latine*, et qui devait, sous diverses formes, occuper la fin du XVIIe siècle et presque tout le XVIIIe, l'Académie ait pris le parti des Modernes, qui était celui du français.

Corneille doit corriger Le Cid

Quoi qu'il en soit, peu après sa fondation, et en dépit des brocards de certains écrivains, l'Académie était déjà devenue une autorité si importante, que les plus grands la consultaient, et remaniaient leur écriture en fonction de ses remarques : ce fut, notamment, le cas de Bossuet, et même de Racine ; l'exemple le plus célèbre est celui de Corneille, dont le *Cid*, sur lequel Richelieu souhaitait une lecture critique, fut commenté par Chapelain dans ses *Sentiments sur le Cid* ; Corneille devait même, en 1660, alors qu'il avait déjà écrit la plus grande partie de ses tragédies, corriger ses textes pour les accorder avec l'enseignement de Vaugelas. Il se plia donc à la doctrine, sacrifiant parfois de bons vers pour les remplacer par de mauvais, jugés plus "corrects". Il faut donc bien admettre que les erreurs étaient inévitables, les contradictions fréquentes. Les académiciens s'étaient donné pour mission de fixer le moment instable de la langue qu'ils constataient, sans vouloir en analyser le cheminement historique.

Là où l'instinct des masses parlantes pouvait suggérer les solutions les plus adéquates, le raisonnement a introduit beaucoup de complexité. Les lois se sont hérissées d'exceptions, que des sous-exceptions venaient encore contredire. Dans un constat de réserve face à une soudaine incompatibilité syntaxique, Vaugelas conseillait aux auteurs de ne pas exprimer certaines choses plutôt que de les exprimer d'une manière qu'il jugeait mauvaise. Le résultat fut une limitation du champ d'expression des écrivains, que Vaugelas déplorait lui-même :

"Ce sont deux choses de condamner une façon de parler comme mauvaise, et d'en substituer une autre en sa place, qui soit bonne. Les Maistres m'ont appris que cette façon d'escrire est vicieuse ; je m'acquitte de mon devoir, en le déclarant au public, sans que je sois obligé de réparer la faute."

Malgré ces quelques dissonances, l'œuvre de l'Académie est positive pour la langue. Le chemin qu'elle emprunte est le bon ; sa façon d'agir sur le style, en évitant les excès dans la mesure où c'était possible, a permis la défense et le renforcement de la langue française. Ainsi, l'Académie, par la voix de ses plus illustres spécialistes de la langue, gouvernait la littérature classique et son mode d'expression, alors qu'elle était déjà, grand corps de la monarchie, peuplée d'autant de dignitaires de l'État, de l'Église et de l'Armée, que de lettrés proprement dits. Par là s'amorçait, au principe même de l'entreprise, une tradition qui se perpétue aujourd'hui, et selon laquelle l'Académie était et est toujours l'image d'une constante de la vie culturelle française : la langue est en France une affaire politique autant qu'une affaire de culture.

CHAPITRE 5

LA LANGUE DE LA LIBERTÉ
*En 1794, le combat pour le français sous la Terreur :
les rapports Barère et Grégoire.*

> *"Le fédéralisme et la superstition parlent bas-breton,
> l'émigration et la haine de la république parlent
> allemand, la contre-révolution parle italien
> et le fanatisme parle basque."*
>
> Barère

> *"Pour extirper tous les préjugés, développer toutes
> les vérités, tous les talents, toutes les vertus, fondre
> tous les citoyens dans la masse nationale, [...]
> il faut identité de langage."*
>
> Abbé Grégoire

*En évoquant les épisodes situés au Moyen Âge, à la
Renaissance puis au XVIIe siècle, nous avons constaté
que l'histoire de la langue française s'est bien souvent
confondue avec l'histoire de l'émergence puis de l'affirmation de la nation française. Mais au cours de la
Révolution, l'enjeu que représente l'utilisation du français face aux parlers régionaux devient fondamental.*

Barère, député montagnard, condamne les patois à la tribune
de la Convention. Gravure de Vivant Denon, vers 1795.

Après avoir été la langue du roi, le français va devenir celle de la Révolution, de la liberté, de la Déclaration des Droits de l'Homme et du Citoyen, bref celle de la République. En fédérant la Nation autour des idéaux démocratiques et républicains, les révolutionnaires ont inventé la notion de patrie, et il a bien fallu forger des mots nouveaux pour évoquer tous ces nouveaux concepts.

Ce sont les Parisiens qui ont allumé le grand incendie, mais que serait devenue cette Révolution sans l'aide des citoyens de toutes les provinces de France, qui ont marché sur la capitale en chantant *La marseillaise* ? C'est bien de cette question qu'est parti le grand débat qui agita l'Assemblée Nationale, Montagnards contre Girondins, Paris contre les provinces, partisans d'une France fédérale contre Jacobins centralisateurs. Mais par-delà la question politique se posait forcément celle de la langue. La République "une et indivisible" doit-elle imposer la langue de la Révolution à la France entière, ou bien respecter les dialectes régionaux ?

Il est fascinant de voir comment, tout au long du XVIIIe siècle, la langue a été le miroir et le vecteur de cette France en train de se transformer radicalement, à tel point que l'on peut dire que le français est sorti du siècle des Lumières avec son visage moderne.

Le prestige du français

C'est contre le latin, mais aussi contre les langues régionales, les dialectes et les patois que, de la fin du XVe à la fin du XVIe siècle, les ordonnances royales, et en particulier celle de Villers-Cotterêts, avaient imposé le français dans la vie juridique, et partant, dans une bonne partie de l'existence quotidienne. Une série d'édits, consécutifs à l'annexion des provinces nouvellement conquises, exigent, à partir de la fin du XVIIe siècle et durant le XVIIIe siècle, l'emploi exclusif du français : édits de décembre 1684 pour la Flandre, de juin 1685 pour l'Alsace, de février 1700 pour le Roussillon, de septembre 1748 pour la Lorraine germanophone, de juin 1768 pour la Corse. On voit clairement apparaître ici la continuité de la politique conduite par la monarchie en faveur de la langue française, dont l'histoire, au cours de ce chapitre encore, est celle d'un combat.

Parallèlement à toutes ces conquêtes, le prestige du français, depuis la fondation de l'Académie, n'avait cessé de croître. Il était illustré, sous sa forme désormais classique, par une abondante et brillante production littéraire, dans laquelle l'Académie, souvent consultée, avait sa part en tant qu'arbitre. Le XVIIIe siècle, à cet égard, peut être considéré comme une période où se prolonge l'idéal classique, que les écrivains continuent de se donner pour modèle, au moins quant au style et à la structure des phrases. Car en ce qui concerne le vocabulaire, bien des termes anciens prennent un sens nouveau à la faveur de l'évolution des mentalités, et, dans les dix dernières années, en raison des changements politiques, comme cela est évident pour *liberté, nation, patrie*, etc. ; d'autre part, ainsi que le reflète l'*Encyclopédie* (1751-1772), immense répertoire du savoir humain, des dernières découvertes et des idées nouvelles, largement suspectes au pouvoir royal, un grand nombre de mots jusque-là inconnus apparaissent, désignant des réalités matérielles que l'idéal classique aurait jugées trop concrètes et basses ; elles sont liées au développement des techniques, de l'agriculture, du commerce, de l'activité financière, des sciences, de l'industrie, des arts et de la critique d'art, de la pensée philosophique, politique et économique.

Ces progrès techniques ouvrent d'immenses horizons, non plus à l'imagination mais à la raison. Du même coup, la philosophie, instrument de cette raison, devient la méthode universelle. Au milieu de ce siècle, elle est la nouvelle maîtresse du monde, et semble en marche vers l'accomplissement du rêve des philosophes : établir le règne de la raison sur l'univers entier. En 1748, Montesquieu donne *L'Esprit des lois*. En 1750, d'Alembert et Diderot lancent le programme de l'*Encyclopédie*. En 1754, Turgot écrit sa *Lettre sur la tolérance*. Voltaire, en 1759, ajoute *Candide* à son combat philosophique et politique. En 1762, J.-J. Rousseau offre au monde la pensée nouvelle du *Contrat Social*. Les encyclopédistes haussent le ton et donnent dans l'hyperbole : "déshonorante servitude", "désastreusement", "monstruosité", "énormément" deviennent des termes courants. Au risque de choquer le bon goût classique, le mot "révoltant" vient fréquemment sous les plumes ; la langue reflète l'état d'esprit général : lassitude de plus en plus trépidante.

Que fait le pouvoir pour lutter contre ce changement de mentalité ? Malgré les saisies, les censures, les lettres de cachet, les exils en province, la philosophie compte des protecteurs dans l'entourage du roi. Madame de Pompadour se fait même portraiturer par De la Tour et pose avec un volume de l'*Encyclopédie* sur son bureau. En 1743, d'Argenson prophétisait : "la révolution est certaine dans cet État-ci. Il s'écroulera par ses fondements." En fait, c'est par le vocabulaire qu'a été véhiculé le concept de révolution. Il est devenu familier aux masses, avant même que les philosophes n'aient agité les esprits.

Quel contraste entre cette agitation qui remue la nation et le vocabulaire utilisé jusque-là pour l'exprimer et la faire connaître au pouvoir ! En 1762, le terme *opposition* n'existe pas encore dans son sens politique. *Insubordination* exprime une attitude peu connue des Français mais qui s'impose de plus en plus. Ameuter est un terme de chasse. Son sens change au cours du siècle pour "attrouper des révoltés". Le mot *agitateur* date de cette époque. Par ailleurs, les vieux noms de *placet, suppliques* sont toujours d'actualité, car les simples citoyens en sont encore à implorer. En somme, la France n'a aucun moyen légal de se faire entendre, et elle crie avec véhémence. Aucun terme n'a encore fixé le but, n'a proclamé la volonté générale, mais quelques mots sont déjà présents pour marquer qu'on aspire à quelque chose d'inouï et de grave.

Du bon usage des dialectes et parlers

Cette brillante carrière de la langue française classique en plein essor ne signifie pas que les langues régionales ne fussent pas elles-mêmes très vivaces en cette période où s'achevait le XVIIIᵉ siècle. La Révolution française, dans la mesure où elle fondait un ordre politique et social tout à fait nouveau, ne pouvait que s'efforcer de susciter la plus large adhésion populaire : il était de la plus haute importance que le peuple comprît les lois nouvelles.

Or le français n'avait quasiment pas pénétré les campagnes. Les paysans répétaient les mots de la Constitution. Mais qu'on leur demande quelle est la cause qu'ils défendent, et ils répondent sans hésiter : "celle du Roi !" Il faut donc faire que les nouveautés politiques soient comprises dans les campagnes. Mais comment y parvenir? De même que la République cherche sa voie entre un fédéralisme et la centralisation parisienne, de même sur le plan linguistique la question se pose : faut-il privilégier les idées révolutionnaires grâce aux dialectes, au risque de sacrifier cette unité nationale naissante que seule peut assurer l'adhésion de tout le peuple à une seule et même langue ?

C'est pourquoi la politique de la langue sous la Révolution apparaît vite comme un volet essentiel de la politique tout court. Jusqu'en 1793, ce fut une politique plutôt libérale : la traduction des décrets dans toutes les langues régionales fut décidée par la Constituante dès juin 1790. Les provinces qui ont sauvé la Révolution ont gagné, pensait-on, le droit de revendiquer l'usage de leurs langues natales : "Si la loi est commune pour tous", disent les administrateurs de Strasbourg, "elle doit être à la portée de tous." Puis on commença, afin de répandre la connaissance du français, à développer les écoles sous une autorité nationale créée dès les premières séances de l'Assemblée législative, en octobre 1791, selon les suggestions d'un rapport de Talleyrand, où l'on pouvait lire notamment :

"Les écoles primaires mettront fin à [une] étrange inégalité : la langue de la Constitution et des lois y sera enseignée à tous ; et cette foule de dialectes corrompus, dernier reste de la féodalité, sera contrainte de disparaître."

À la suite de ce rapport, est décrétée la création d'un Comité d'Instruction Publique, composé de 24 membres, et chargé de développer les écoles à travers la France. Plus tard, le rapport de Condorcet à l'Assemblée écarte le latin dans l'enseignement des écoles primaires, mettant fin à l'usage qui régnait jusqu'alors, et selon lequel le plus souvent, après le syllabaire, les enfants passaient à la lecture de l'office de la vierge en latin, afin de pouvoir aider à chanter vêpres. Cette mesure d'exclusion du latin et d'enseignement du seul français dès l'enfance visait aussi, en fait, les langues régionales. Elle est conçue comme le seul moyen de contrebalancer le risque de fédéralisme linguistique que les traductions systématiques des lois en patois peuvent entraîner, et qui ramèneraient la France dans la situation d'avant 1539, date de l'ordonnance de Villers-Cotterêts. Ainsi, le choix de favoriser la compréhension des idées révolutionnaires contredisait paradoxalement l'esprit même de la Révolution à son étape initiale d'ouverture généreuse.

Un enthousiasme pour la nouveauté

Si pourtant, en dépit du ton méprisant de Talleyrand à l'égard des langues régionales de France, le pouvoir politique ne les attaque pas encore directement, c'est parce que la Révolution, dans cette première phase d'affirmation conquérante, est portée non par une nécessité défensive qui la dresse contre les dangers croissants, mais par un enthousiasme pour la nouveauté ; on en trouve un écho linguistique intéressant dans un double mouvement d'ouverture. Ce mouvement concerne, d'une part, les mots nouveaux : en 1791, la Société des amateurs de la langue française se donnait pour tâche de "présenter la liste des mots que nous devons à la Révolution". Ce mouvement concerne, d'autre part, les inversions de l'ordre des mots dans la phrase, dont l'hymne national, *La marseillaise*, offre des illustrations. Il s'agit d'un problème tout aussi politique que stylistique, car les ennemis de l'inversion, partisans de l'ordre immuable, dit "direct", du sujet, du verbe et du complément, voulaient sauvegarder cette belle ordonnance de la phrase française comme un reflet de l'ordre monarchique, dont ils étaient aussi les défenseurs.

Les mots nouveaux expriment et reflètent des sentiments nouveaux. En 1790, "le peuple alsacien s'unit au peuple français par sa volonté seule et non par le traité de Münster", disait Merlin de Douai. Les Lorrains, dans la nuit du 4 août, se déclarent "heureux d'entrer dans cette maison maternelle de la France." Le peuple devient adorateur de sa patrie, sans avoir jamais connu, avant la Révolution, ce mot, et encore moins son sens. Le mot patrie évoque à lui seul l'appropriation de l'État par le peuple, et par là même celle des valeurs démocratiques. Au-delà, il implique aussi un attachement quasi affectif du citoyen à la nation. Le patriotisme devient la nouvelle religion. Ses prêtres sont les législateurs, chargés d'assurer le bonheur de l'humanité. Son culte se compose des fédérations, des serments, des baptêmes civiques, des baisers fraternels. Ses symboles sont les cocardes, le drapeau tricolore, les piques coiffées du bonnet phrygien, les arbres de la liberté. Son dogme est à l'image d'une table des Dix Commandements, et promet à tous une vie de bonheur.

L'expression de l'âme universelle du pays

Le sort de la Révolution, à présent que le roi ne représente plus ni l'unité du pays, ni son autorité suprême, tient à la formation d'une âme commune. Le français est désormais national. En répandant partout les nouvelles doctrines, il allait unir en un seul cœur, comme en un seul peuple, tous les Français. Tout cet ensemble de valeurs et de revendications s'exprime en un texte-manifeste rédigé dans la "langue de la liberté, de l'égalité et de la fraternité", la Déclaration des Droits de l'Homme, qui est en soi un concentré de l'esprit des Lumières du XVIIIᵉ siècle. Grâce à ce texte fondamental et à travers lui, le français, après avoir été l'expression du génie classique au XVIIᵉ siècle et durant presque tout le XVIIIᵉ, devient l'expression de l'âme universelle du pays. La langue française, structurée par le travail de l'Académie, se voit soudain décerner une distinction nouvelle : on l'appelle volontiers la langue de la liberté. Parler français apparaît alors comme une façon essentielle de se montrer patriote. C'est un gage qu'on donne à la nouvelle France, régénérée dans l'égalité et la fraternité. Titre honorifique qui, en dépit des événements ultérieurs, ne sera jamais remis en question. Entre hommes de la société dominante, ne pas parler français serait une manière de déroger. Dès lors, dans le reste de la population, comment ne pas se sentir déclassé quand on ne le parle pas du tout ? Les termes principaux du grand débat qui va agiter la république naissante sont déjà en germes dans cette interrogation.

La Révolution sur la pente abrupte

Cependant, la situation change à mesure que le pouvoir politique se radicalise, du fait de l'accroissement des périls intérieurs et extérieurs, qui isolent de plus en plus la Révolution face aux insurgés en France et face à l'Europe : au début de 1793, à la suite de l'exécution de Louis XVI, ce sont la formation de la première coalition, la trahison de Dumouriez et l'éclatement de l'insurrection de Vendée. Ce dernier événement, en particulier, est de grande importance, car, symbole même des soulèvements royalistes et fédéralistes contre le pouvoir jacobin récusé par des provinces où les langues régionales sont très vivantes, il fait apparaître les patois comme les organes par lesquels s'expriment les amis du trône et de l'autel, qui sont les ennemis de la république.

Cet amalgame entre ceux qui ne parlent pas le français et les forces hostiles à la Révolution s'appuie sur une réalité linguistique : la France de 1794 est encore composée d'une mosaïque de dialectes ; en Flandre, dans les Basses-Pyrénées, en Bretagne, l'ignorance du français a pour effet qu'on y voit encore chômer le peuple pour la fête du Roi. Les dialectes sont aussi à l'origine d'autres difficultés : certains bataillons doivent être séparés ; la garnison de Huningue, par

exemple, a été imprudemment formée de deux
bataillons, l'un alsacien, l'autre de gens de Seine-et-
Oise. Les soldats ne se comprenant pas les uns les
autres, il est impossible de les conserver côte à côte.
Mais bientôt, on utilisera précisément l'amalgame
entre soldats de provinces différentes comme creuset
d'apprentissage du français, moyen de communication
transcendant les barrières dialectales.

Il faut noter cependant que l'adéquation n'était pas
parfaite entre l'usage des langues régionales et les discours ou menées hostiles à la Révolution. Car le français était loin d'être inconnu de la totalité des adversaires de l'État. En fait, le clivage entre ceux qui parlent
français et ceux qui "patoisent" correspond également
à un clivage social. En effet, les proclamations des
chefs monarchistes sont en français, les lettres du roi
aussi, évidemment, et chez les moins instruits, qui sont
souvent les plus fervents partisans de la Révolution, le
français est mêlé, dans l'expression courante, avec le
patois. Les gens d'origine modeste truffent la langue
française de formes dialectales, mais la parlent. Le
témoignage du citoyen Jacques-Yves Bernard Chiron,
commissaire du peuple capturé par des monarchistes,
nous en donne un exemple lorsqu'il rapporte les propos d'un de ses gardiens :

"Je vous en prions [...]. J'avons pitié de votre âme et
il faudra pourtant bien que je vous tuions".

Cela dit, le lien existait bien, néanmoins, entre
langues régionales et discours hostile à la république,
même s'il est vrai qu'il fut exagéré.

Barère, l'intransigeant

C'est dans ce contexte dramatique, et après une année
1793 marquée par les revers militaires, la lutte entre les
tendances politiques opposées et finalement l'instau-
ration officielle de la Terreur comme instrument de

La déroute vendéenne de Cholet, le 17 octobre 1793 ;
huile sur toile de1883,
Cholet, musée d'histoire et des guerres de Vendée.

défense nationale face aux périls qui assaillent la république (septembre 1793), que le député B. Barère, le 8 pluviôse an II (27 janvier 1794), dénonce à la tribune de la Convention montagnarde, au nom du Comité de salut public, les périls que font courir à la république "les idiomes anciens, welches, gascons, celtiques, wisigots, phocéens et orientaux". C'est dans ce rapport qu'apparaît la phrase célèbre et terrible :

"Le fédéralisme et la superstition parlent bas-breton, l'émigration et la haine de la république parlent alle-

mand, la contre-révolution parle italien et le fanatisme parle basque."

Après avoir ajouté : "Cassons ces instruments de dommage et d'erreur", Barère dit plus loin :

"La monarchie avait des raisons de ressembler à la tour de Babel ; dans la démocratie, laisser les citoyens ignorants de la langue nationale, [...] c'est trahir la patrie [...]. Le français deviendra la langue universelle, étant la langue des peuples. En attendant, comme il a eu l'honneur de servir à la Déclaration des Droits de

l'Homme, il doit devenir la langue de tous les Français
[...]. Chez un peuple libre, la langue doit être une et la
même pour tous".

À la suite de ce discours, il fut décidé par décret du
même 8 pluviôse que des instituteurs de langue française seraient nommés avant le terme de dix jours dans
tous les départements où se parlait une des langues
régionales dénoncées par Barère, c'est-à-dire le breton,
le basque, l'alsacien (qu'il appelle avec une méprisante
inexactitude l'"allemand"), enfin l'occitan et le corse
(qu'il appelle l'"italien").

Le rapport de l'abbé Grégoire

L'autre acteur de cet épisode révolutionnaire est le
célèbre abbé H. Grégoire, évêque constitutionnel res-
pecté par tous pour sa droiture et son austérité. En août
1790, Grégoire avait procédé à une vaste enquête sur
les patois de France, en envoyant dans toutes les provinces "une série de questions relatives au patois et aux
mœurs des gens de la campagne". Ce questionnaire
concernait le degré d'usage du français, la prononciation du patois, son vocabulaire, sa grammaire, ses
variations de village à village, son emploi dans la vie
religieuse, sa présence dans les textes écrits et la littérature en général, les idéaux qu'il exprime, favorables
ou hostiles à la Révolution, etc. Les réponses que Grégoire reçut à son questionnaire devaient, quatre ans
plus tard, lui servir pour rédiger le rapport qu'il pré-
senta le 9 prairial an II (28 mai 1794) au Comité d'instruction publique "sur les idiomes et patois répandus
dans les différentes contrées de la république". Le 16
prairial an II (16 juin 1794), Grégoire lisait son rapport
à la tribune de la Convention, sous le titre célèbre de
"Rapport sur la nécessité et les moyens d'anéantir les
patois et d'universaliser l'usage de la langue française". Le rapport de Barère était surtout politique.

Lauros-Giraudon

L'abbé Grégoire, par J.L. David,
musée des Beaux-Arts, Besançon.

Celui de Grégoire insistait sur l'éthique. Il disait,
notamment :

"Ne faisons point à nos frères du Midi l'injure de penser qu'ils repousseront une idée utile à la patrie. Ils ont
abjuré et combattu le fédéralisme politique ; ils com-
battront avec la même énergie celui des idiomes. Notre
langue et nos cœurs doivent être à l'unisson [...]. Pour
extirper tous les préjugés, développer toutes les vérités,
tous les talents, toutes les vertus, fondre tous les
citoyens dans la masse nationale, [...] il faut identité
de langage."

À la suite de ce rapport, la Convention chargea le
Comité d'instruction publique de faire rédiger une nouvelle grammaire et un vocabulaire nouveau de la

langue française. C'était un épilogue plutôt bénin.
Mais si l'effet de l'instruction publique sur la propagation du français reste très discutable, l'autre partie de
cette nouvelle politique sous la Terreur aura des effets
plus concrets sur l'usage de la langue dans le pays. Il
s'agit de la répression des dialectes. On pousse le zèle,
parfois, au nom du bien public, jusqu'à la limite du
ridicule : une mesure ordonne en Alsace aux libraires et
imprimeurs d'imprimer l'allemand en caractères français. Mais d'autres mesures, qui heureusement restè-
rent à l'état de projet, avaient un caractère beaucoup
plus inquiétant : le 5 frimaire (25 novembre 1793),
parmi les Jacobins "épurés", avaient été avancés des
projets de déportations ou d'exécutions en masse de
personnes dont le seul crime était d'ignorer le français,
qu'on ne leur avait jamais appris.

La langue française ou la correctionnelle !

Un peu plus tard, le 2 thermidor an II (20 juillet
1794), soit une semaine avant la chute de Robespierre,
la Convention entendit un rapport de Merlin de Douai,
qui, citant l'ordonnance de Villers-Cotterêts, soutenait
que la république, garante de la liberté, pouvait bien
interdire tout autre idiome que le français, comme
l'avait fait pour la langue juridique la monarchie, qui,
elle, ne visait qu'à asservir ses sujets. Un décret com-
plémentaire de celui du 8 pluviôse fut donc adopté. On
peut le considérer comme la seconde grande mesure
linguistique de l'histoire du français. Les quatre
articles de ce décret stipulaient que désormais, aucun
acte, ni public, ni même sous seing privé, ne pourrait
être écrit autrement qu'en français. L'article 3 disait :
"Tout fonctionnaire ou officier public, tout agent du
gouvernement qui, à dater du jour de la publication de
la présente loi, dressera, écrira ou souscrira, dans
l'exercice de ses fonctions, des procès-verbaux, juge-

ments, contrats ou autres actes généralement quelconques conçus en idiomes ou langues autres que la
française, sera traduit devant le tribunal de police cor-
rectionnelle de sa résidence, condamné à six mois
d'emprisonnement, et destitué."

Ainsi la Révolution, après avoir initialement favorisé
la propagation des idées nouvelles par le biais des dialectes, revenait, par l'appareil des lois, à une tradition
déjà établie, selon laquelle la défense du français en
France est un combat politique. Dans les circonstances
graves où se trouvait la France, les langues régionales
apparaissaient comme celles de l'ennemi, et la toute-
puissance exercée par la langue française sur les autres
langues était conçue comme seule capable de garantir
l'unité et l'intégrité du pays.

CHAPITRE 6

LA LANGUE
DE LA DIPLOMATIE
*Signé en juin 1919,
le traité de Versailles est la première atteinte
au rôle prépondérant du français.*

Le traité de Versailles
(28 juin 1919) annonce
le déclin du français
dans les usages
diplomatiques.
Les quatre chefs
de gouvernement,
signataires du traité.
De gauche à droite :
l'Italien Orlando,
l'Anglais Lloyd George,
le Français Clemenceau,
l'Américain Wilson.

*"Dans sa (la langue française) marche claire
et méthodique, la pensée se déroule facilement ;
c'est ce qui lui donne un caractère de raison,
de probité, que les fourbes eux-mêmes trouvent plus
propre à les garantir des ruses diplomatiques."*

Abbé Grégoire

*Jusqu'à présent, nous avons évoqué les grands com-
bats que la langue française a dû livrer pour s'imposer
sur son propre territoire en tant que langue nationale.
Nous n'avons pas encore évoqué les combats qui ont
été conduits pour qu'elle devienne la langue internationale des diplomates.*

Or le XVIIIᵉ siècle est au français ce que Versailles est à l'histoire de la monarchie française, c'est-à-dire l'apogée de sa gloire et de son influence internationale. Mais, tout comme ce château, le français, après avoir connu ses heures de gloire au siècle des Lumières, allait connaître des heures plus sombres avec le déclin de la puissance économique et de l'influence diplomatique de la France dans le monde.

Autrefois, tous les traités internationaux étaient rédigés en latin, langue morte universelle, propre à toutes les cours d'Europe. Mais au cours du XVIIᵉ et du XVIIIᵉ siècles, le français vient progressivement supplanter le latin. Il y a deux raisons principales à cela : la puissance militaire et politique de la France dans le monde, d'une part, les qualités intrinsèques de clarté et d'élégance qu'on prête à cette langue, d'autre part.

Le français, langue universelle

Dans son célèbre Rapport du 16 juin 1794 à la Convention, dont nous avons parlé au chapitre précédent, l'abbé Grégoire, voulant montrer combien l'universalité de la langue française lui vaut de prestige en tant que langue diplomatique, écrit notamment :

"On connaît les tentatives de la politique romaine pour universaliser sa langue : elle défendait d'en employer d'autre pour haranguer les ambassadeurs étrangers, pour négocier avec eux ; et, malgré ses efforts, elle n'obtint qu'imparfaitement ce qu'un assentiment libre accorde à la langue française. On sait qu'en 1774, elle servit à rédiger le traité entre les Turcs et les Russes. Depuis la paix de Nimègue, elle a été prostituée, pour ainsi dire, aux intrigues des cabinets de l'Europe. Dans sa marche claire et méthodique, la pensée se déroule facilement ; c'est ce qui lui donne un caractère de raison, de probité, que les fourbes eux-mêmes trouvent plus propre à les garantir des ruses diplomatiques."

Les traités de Nimègue sont ceux qui, en 1678 et 1679, donnent à la France de Louis XIV, moyennant certaines concessions aux Provinces Unies et à l'Espagne, la Franche-Comté, ainsi que toutes les places qui, en Flandre, en Artois, en Hainaut et en Cambrésis, régularisent la frontière septentrionale du pays. C'est en français, à l'apogée de la puissance de la monarchie, que sont négociés ces traités, qui mettent fin à la guerre de Hollande, commencée six ans plus tôt. Quant au traité entre les Turcs et les Russes que mentionne l'abbé Grégoire, il s'agit de celui de Kutchuk-Kainardji, par lequel la Sublime Porte (la Turquie), dont la flotte avait été détruite par les Russes et qui n'avait pu empêcher ces derniers de franchir le Danube, cède à Catherine II la région d'Azov, le littoral pontique entre le Dniepr et le Boug, la suzeraineté sur le khanat de Crimée, et le droit de protection sur les orthodoxes de l'empire otto-man. Or c'est également en français qu'est négocié ce traité, évidemment essentiel dans l'histoire de la Russie, puisqu'il ouvre à celle-ci l'accès à la Mer Noire. Ainsi se situe à son point culminant, dans cette seconde moitié du XVIIᵉ siècle, l'universalité du français, utilisé comme langue diplomatique même là où la France n'est pas directement partie prenante.

À plus forte raison le français est-il une langue diplomatique quand la France elle-même est un des pays signataires, comme on le verra en 1714 au traité de Rastatt, conclu entre Louis XIV et l'empereur Charles VI. La France dut alors, pour mettre fin à la guerre de Succession d'Espagne, restituer les places qu'elle tenait sur la rive droite du Rhin. Mais précisément, une compensation culturelle, de haute valeur symbolique, aux revers d'une fin de règne assez morose, fut qu'on rédigea le traité en français, et non en latin, ce qui était contraire aux exigences de la tradition impériale. En 1718, un traité est conclu entre l'empereur d'Allemagne et les rois de France et d'Angleterre, pour la pacification de l'Europe. Ce traité est encore rédigé en latin. Cependant, les diplomates français font des réserves, à ce sujet. Les Anglais acceptent ces réserves et déclarent "que ce qui vient d'avoir lieu en cette circonstance pour des raisons spéciales, ne pourra faire précédent en faveur du latin".

Cette consécration du français comme langue diplomatique se confirme vingt-six ans plus tard, lors des conventions de Vienne, dont la seconde attribue définitivement à la France la Lorraine et le Barrois. Et en 1748, c'est en français qu'est signé le traité d'Aix-la-Chapelle, qui met fin à la guerre de Succession d'Autriche, et au cours duquel Louis XV restitue ses conquêtes continentales afin de préserver son commerce maritime et colonial face à la concurrence anglaise.

Langue et diplomatie

Pourquoi le français ? Les témoignages de l'époque déclarent que la pensée se déroule plus facilement en français, dans sa marche claire et méthodique ; le français, si l'on en croit l'abbé Grégoire, cité plus haut, possède, de surcroît, un aspect de rationalité et de rectitude, qui séduit même les êtres retors, quand ces derniers redoutent les ruses du langage diplomatique.

Il convient de se rappeler que les traités sont l'aboutissement de nombreuses négociations. La vie diplomatique se compose de bien d'autres actes, comme les rapports, écrits ou verbaux, entre les puissances. Ici, un très bref rappel historique n'est pas inutile.

Au Moyen Âge, les ambassadeurs n'étaient que des représentants extraordinaires chargés de missions ponctuelles. Au XVe siècle, la république de Venise établit les premières missions diplomatiques permanentes, suivie par la papauté et par Florence. Au XVIe siècle, les principaux États européens se font représenter par des ambassades permanentes. Leurs membres sont bien souvent soupçonnés de se livrer à l'espionnage. La diplomatie française connaît un fort développement au XVIIe siècle, au point de devenir la plus importante d'Europe. Son prestige durera jusqu'au XIXe siècle : à cette époque, la France est représentée à Londres, Vienne, Saint-Pétersbourg, Rome, Madrid, Berne et Constantinople. L'Angleterre n'est présente qu'à Paris, Vienne et Constantinople, et les États-Unis n'ouvrent leur première ambassade qu'en 1893.

La complexité des rapports internationaux, et les nouvelles conditions économiques, exigent un dialogue permanent entre les principaux États. Progressivement, la guerre, néfaste au commerce mondial, n'est plus considérée que comme l'ultime recours de la diplomatie. Dès le XVIIIe siècle, les théories sur le libre-échange économique apparaissent. On rompt avec des traditions étatiques et protectionnistes, telles que celles du colbertisme français du siècle précédent. La part croissante que les pays les plus puissants prennent au commerce mondial fait de la constitution d'un empire colonial un enjeu stratégique essentiel pour chacun d'entre eux.

Chaque cour a son protocole ; l'emploi des langues y est aussi minutieusement réglé que l'attribution des titres ou le nombre des révérences. Il existe deux langages officiels : le langage interne, celui que les souverains emploient à l'intérieur de l'État ; et l'autre, celui qui nous intéresse plus particulièrement : le langage externe, dont l'État se sert avec les pays étrangers ou que les étrangers utilisent pour communiquer avec l'État. En ce début de XVIIIᵉ siècle, aucune cour ne suit réellement une règle constante en matière de correspondance. Il n'y a guère que la France qui écrive exclusivement en français. Cependant, quelques faits sont à noter : l'ambassadeur du pape en France s'adresse en français au roi Louis XV. C'est une exception remarquable, car la règle veut que le nonce utilise exclusivement le latin pour parler aux souverains. La chancellerie hollandaise considère le français comme la langue de ses relations extérieures. Elle écrit en français aux rois d'Angleterre, d'Espagne, de Sardaigne. L'Angleterre écrit à l'Empire en latin, mais elle envoie au gouvernement russe des "resolutiones" en français.

Au contraire, la Pologne ne se sert que du latin. Deux langues "universelles" s'opposent. L'une, le latin, est une langue morte, l'autre est vivante. La victoire de la seconde n'était qu'une question de temps. Dès 1750, le français va faire d'énormes progrès, et son utilisation deviendra de plus en plus fréquente. C'est ainsi que les "pro memoria" s'envoient désormais en français dans la plupart des cours. L'emploi du français se généralise aussi pour les communications verbales. Ce processus est favorisé par le fait qu'à l'époque, le français est une langue réputée neutre. Sa généralisation est telle qu'en 1775, l'ambassadeur de Russie, se présentant devant le Sultan, fait sa harangue en français. Ainsi se situe à son point culminant, dans cette seconde moitié du XVIIIᵉ siècle, l'universalité du français, utilisé comme langue diplomatique à travers les cours d'Europe.

L'irréparable perte du Canada

Mais les Français du XVIIIᵉ siècle, quelque fiers qu'ils soient de l'universalité de leur langue, ne semblent pas se rendre compte de la menace que fait courir pour son avenir la perte de ses terres lointaines. Le traité de 1762 marquait l'abandon du Canada par la France. Personne ne pouvait imaginer alors que les continents où elle avait pris pied et qui lui échappaient sans retour, valaient infiniment mieux que ce qu'elle conservait. Les Français n'ont pas vu qu'elle se faisait tout simplement déposséder d'un monde d'espérance. Voltaire lui-même partage l'aveuglement général de ses contemporains. Il écrit à Choiseul, à la veille du traité de Paris, ramenant la paix avec les Anglais :

"Je crois que la France peut vivre sans Québec."

Ce manque de clairvoyance politique peut s'expliquer par le fait que la France demeure en tout état de cause une grande puissance coloniale, peut-être même la première puissance coloniale du moment, avec des revenus d'un tiers supérieurs à ceux de l'Angleterre.

Pour nous qui sommes instruits des événements ultérieurs, cette perte est immense, irréparable. On ressent un véritable sentiment de frustration en songeant à ce que la France a perdu, en pensant que les choses auraient pu se dérouler autrement. Un monde où la langue française pouvait s'introduire de manière définitive était à jamais livré à des langues rivales. Qui blâmer ? Les politiques considèrent les événements au jour le jour, quand ils ne sont pas des génies, et même quand ils le sont. L'exemple de Napoléon, qui ne comprenait guère les choses de la mer, suffit à le prouver.

L'épopée napoléonienne

Durant quelques années, on a pu penser que presque toute l'Europe allait parler français. En effet, les conquêtes de Napoléon créent un empire aussi immense qu'éphémère. Les ambitions impériales s'étendent même jusqu'à Moscou. Malgré les coalitions européennes contre le France, l'empereur vient à bout de ses adversaires continentaux. Cependant, il échoue contre l'Angleterre. Celle-ci demeure maîtresse des mers, et sa victoire de Trafalgar, en 1805, réduit encore les espoirs de développement de la flotte française. L'Angleterre fait front à toutes les tentatives de débarquement français, qui donnent lieu parfois à des projets fort irréalistes.

Ainsi, l'extension au-delà des mers est essentiellement réservée à l'Angleterre, alors que les colonies françaises s'amenuisent durant cette période. La France vend sans états d'âme la Louisiane aux États-Unis en 1803, plutôt que de garder cette terre difficile à défendre. L'aventure napoléonienne, qui s'achève en 1815 par le congrès de Vienne, laisse la France dans ses limites antérieures à la Révolution, mais avec un empire colonial diminué. Cependant, la légende de l'empereur lui survit. On entretient un véritable culte pour le créateur du code civil, qui avait fait souffler un espoir de liberté sur l'Europe et contribué à la propagation des idéaux de la Révolution française. D'autres se souviennent d'un tyran exécré mais, quoi qu'il en soit, son ombre plane durant des décennies au-dessus du vieux continent. Les heurs et malheurs de la langue française sont au gré de ces aléas de la légende impériale.

Les armées impériales avaient trouvé le français solidement implanté dans les classes aisées des pays qu'elles avaient conquis. Avec la défaite, la langue française perd sa prépondérance. La haine contre Napoléon la prive même de positions qu'elle tenait avant les guerres. Dès la chute de l'Empire napoléonien, la Grande-Bretagne remplace le français par l'anglais dans toutes ses affaires diplomatiques. Les États-Unis ont pour règle de ne se servir d'aucune autre langue que la leur dans les relations diplomatiques, tout comme la France.

Cependant, sur le continent, la situation du français se maintient. Au congrès de Châtillon en 1814, les alliés se parlent en français. On dînait, on recevait, on conversait en français. Même au congrès de Vienne, précédemment évoqué, le français est de tous les bals, de toutes les représentations. Le traité est encore rédigé en français ; on y inclut cependant une clause particulière dans l'article 130. C'est une réserve à l'encontre de l'extension du français, mais non une remise en cause de son privilège. Au traité de Francfort, signé en mai 1871 pour mettre fin à la guerre franco-allemande, et au terme duquel l'Alsace-Lorraine devient officiellement allemande, les Allemands, alors qu'ils sont victorieux, ne songent pas à discuter le privilège du français d'être la seule langue diplomatique.

En dépit de ces faits positifs, le français, après 1815, et durant tout le XIXᵉ siècle, n'est plus, comme il l'était au XVIIIᵉ siècle, la langue universelle de l'Europe, en dépit du rayonnement des lettres françaises. Le *Gentleman's Magazine* de juin 1814 écrivait :

"L'influence politique de la France a répandu sa langue, mais maintenant la prédominance de cette langue contribue à étendre cette influence politique. La langue française est considérée comme un talent classique à acquérir, alors qu'elle n'est pour les Français qu'un moyen de répandre leurs livres, leurs principes politiques et leur athéisme. Il serait donc bon de voir si ce ne serait pas contribuer à la paix du monde que de mettre un frein à cette habitude d'employer la langue française."

On pourrait tenir à peu près le même discours aujourd'hui à propos de l'anglo-américain. On ne parlerait plus de livres ni d'athéisme, mais d'industrie du cinéma et de mercantilisme, de culture chewing-gum, du Coca-Cola, de la musique pop et de la techno.

Les circonstances du traité de Versailles

Mais il ne semble pas que l'on ait pris conscience en France de ce déclin avant que ne se produise l'événement qui met un terme à la brillante carrière du français dans les relations diplomatiques. Cet événement est le traité de Versailles, consécutif à la Première Guerre mondiale. Un bref rappel historique permettra de comprendre l'atteinte portée alors au statut du français comme langue diplomatique unique.

Contrairement à ce que pourraient laisser croire les dates limites de 1914 et 1918, au début de l'année 1918, la victoire de l'Entente (France, Angleterre et Russie, cette dernière écartée depuis le traité de Brest-Litovsk en 1917-1918, tandis qu'au mois d'avril 1917, les États-Unis étaient entrés en guerre aux côtés de l'Entente) était loin d'être acquise. Au contraire, le sort de la guerre paraît, un temps, se trouver entre les mains des empires centraux, Autriche-Hongrie, Turquie et surtout Allemagne, puisque cette dernière lance, en profitant de l'effondrement de la Russie, qui rend disponibles les effectifs engagés à l'est, une redoutable offensive à l'ouest. La gravité du péril apparaît pleinement lorsqu'en mars 1918, soixante-cinq divisions d'infanterie allemandes se jettent à l'assaut des positions britanniques sur un front très étendu, puisqu'il se déploie depuis la Scarpe jusqu'à l'Oise, soit sur une soixantaine de kilomètres. Le général Pétain lance au secours des alliés anglais six divisions françaises, mais il est impuissant à faire obstacle au projet allemand, qui est d'enfoncer un coin entre les forces britanniques et françaises et de marcher sur Paris, qu'une pièce à longue portée (la "grosse Bertha" selon le sobriquet des Parisiens) commence à bombarder.

C'est alors que d'un commun accord, Français et Anglais, pour faire face à la tournure dramatique qu'ont prise les événements, décident de confier au général Foch le commandement en chef de toutes leurs forces. Foch parvient, non sans difficulté, à freiner l'avance allemande. Il tient tête également à une nouvelle offensive allemande lancée à la fin du mois de mai 1918, contre laquelle il fait monter en ligne plusieurs divisions américaines ; cette offensive, au début, conduit les Allemands jusqu'à Château-Thierry, soit à soixante-quinze kilomètres de Paris, que le gouvernement devra peut-être quitter, dit-il alors à Clemenceau. Au début de juin, la résistance s'est avérée si efficace, que Hindenburg et Ludendorff sont contraints de suspendre leur offensive. Ils tentent en juillet un dernier effort, qui échoue à son tour, et à partir du mois d'août, l'espoir ayant changé de camp, Foch passe à l'offensive, qui, de victoire en victoire sur une armée allemande de plus en plus épuisée tandis que des émeutes en de nombreux points mettent l'Allemagne au bord de la révolution, conduit le gouvernement de Berlin à solliciter en octobre du président des États-Unis, W. Wilson, la conclusion de l'armistice. Wilson répond que c'est au maréchal Foch (récemment promu à ce grade) d'en faire connaître les conditions, et c'est le 11 novembre que celui-ci reçoit la capitulation de l'Allemagne, deux jours après l'abdication de l'empereur Guillaume II.

Foch, Wilson. Pourquoi retenir surtout ces deux noms ? Pour des raisons directement reliées à ce qui nous intéresse ici, à savoir l'histoire de la langue française. Si j'ai cru devoir rappeler, au moins dans les grandes lignes, les combats de l'année 1918, c'était essentiellement pour faire bien apparaître que le vainqueur de la Première Guerre mondiale à son ultime étape, la plus décisive, fut un officier français. Et si j'ai mentionné le président Wilson, c'est parce que dès janvier 1918, quand le sort de la guerre était loin d'être décidé, il avait posé en quatorze points, dans un célèbre message au Congrès, les bases de ce qu'il tenait pour une paix juste et durable : réduction des armements, suppression des barrières économiques et des entraves

Larousse-Giraudon

Guerre de 1914-1918. Canon long de 120 pendant le tir, à Verdun.
Photo Moreau, 1916.

à la navigation sur mer, fondation d'une Société des Nations garantissant l'indépendance et l'intégrité de tous les États. Le gouvernement allemand, dans sa demande d'armistice au début d'octobre 1918, mentionne expressément ce document.

Version française et version anglaise

Or ce document était, évidemment, rédigé en anglais. C'était là une première atteinte à la primauté diplomatique du français. Mais les choses se précisèrent encore lors de la Conférence de la paix, réunie en janvier 1919 au Quai d'Orsay en vue de préparer le traité de Versailles. C'était, comme on vient de le voir, un usage établi depuis plus de deux siècles que dans quasiment tous les grands traités où un pays européen était partie prenante, les procès-verbaux fussent rédigés en français seulement. Or ici, Wilson et Lloyd George (le premier ministre anglais), dont aucun ne parle le français, insistent pour qu'on les écrive en anglais et en français.

La délégation française, commandée par Clemenceau, y consent, et les représentants américains et britanniques obtiennent que pour tous les actes émanant de la Conférence, les versions anglaise et française fassent également foi. Or nous avons vu que, même au traité de Francfort, en mai 1871, les Allemands, alors qu'ils avaient vaincu de manière humiliante la France impériale de Napoléon III, qu'ils amputaient de ses provinces de l'est, n'avaient guère remis en cause le statut diplomatique de la langue française.

Six mois plus tard, le 28 juin 1919 à Versailles, dans cette même Galerie des Glaces où avait été fondé l'empire allemand, a lieu la cérémonie de signature du traité de paix avec l'Allemagne. Suivant la nouvelle pratique introduite lors de la conférence de la paix en janvier, chaque document a été établi en français et en anglais. Ainsi est imposée à la France une première désillusion, d'ordre culturel, quant au pouvoir dont elle dispose. D'autres suivront, d'ordre politique, en particulier le refus par le sénat de Washington, en novembre, d'entériner la paix, ce qui, du même coup, fait tomber les garanties promises à la France.

Ces déconvenues ne passèrent pas inaperçues parmi les contemporains. Ainsi, indigné par l'introduction de l'anglais dans les négociations du traité alors que les armes françaises étaient victorieuses et l'intervention américaine tardive, le marquis de Flers, dans son discours d'octobre 1921, prononcé à la séance publique annuelle des cinq Académies, proteste hautement contre cette étrange innovation :

"Que l'on nous prive de tel avantage économique ou de telle zone contestée, nous en avons l'habitude et nous le prenons avec une bonne grâce parfois excessive, mais que l'on cherche à nous évincer lorsqu'il s'agit d'un privilège que le monde nous a reconnu et que le temps n'a jamais entamé, c'est à quoi nous ne saurions nous résigner en silence."

Et dans la deuxième édition de son ouvrage *Les*

Langues dans l'Europe nouvelle, parue en 1928, le linguiste A. Meillet écrit :

"C'est un général français qui commandait les troupes alliées lors de la victoire finale. Mais quand ont commencé les négociations entre alliés, nécessaires pour préparer les traités, il s'est trouvé que les chefs des délégations britannique et américaine ne savaient pas le français, tandis que le chef de la délégation française parlait couramment l'anglais, et presque toutes les discussions préliminaires ont eu lieu en anglais. Par une innovation singulière - et absurde -, le traité de Versailles a été rédigé en deux langues, le français et l'anglais, les deux textes faisant également foi, et, à lire le traité, on a souvent l'impression que le texte français est traduit de l'anglais. La fin d'une guerre où la France a joué le premier rôle militaire a donc consacré la ruine du privilège qui faisait du français l'unique langue diplomatique."

Mais nous allons voir que le français n'est ici qu'au début du combat qu'il va devoir mener au XXe siècle pour garder son rang face à l'hégémonie d'une langue de diffusion internationale.

CHAPITRE 7

SUS AU FRANRICAIN !
*Le débarquement allié,
le 6 juin 1944, est aussi le signal
d'un déferlement de mots anglais.*

> *"Laissez les Français tirer vanité
> de l'expansion actuelle de leur langue.
> Nos établissements d'Amérique,
> solides et en pleine croissance,
> promettent à la langue anglaise
> une stabilité et une durée supérieures."*
>
> David Hume

Les guerres du XXᵉ siècle ont coûté cher à la langue française comme à la France. Si le traité de Versailles mettait fin au privilège diplomatique du français du fait de la présence de deux pays belligérants anglophones aux côtés de la France, le débarquement allié, en juin 1944, sur les côtes de Normandie (celles-là mêmes, par un étonnant symbole, d'où étaient parties, 878 ans plus tôt, les troupes de Guillaume le Conquérant, qui introduisirent le franco-normand en Angleterre !) fut l'occasion d'un déferlement de mots anglais en français.

Le débarquement de Normandie, le 6 juin 1944.

Pourtant, il importe de savoir que la proportion des anglicismes reste aujourd'hui, dans la langue française, bien inférieure à ce que croit le public cultivé. D'autre part, l'afflux de mots américains, conséquence de l'intervention économique et militaire des États-Unis dans la Seconde Guerre mondiale, ne faisait que relayer un mouvement bien antérieur d'introduction de mots anglais.

Le premier conflit mondial avait obligé les États-Unis à réexaminer leur isolationnisme. Leur intervention en 1917 vient renforcer le camp franco-britannique. Mais ils ne sont pas touchés sur leur propre sol par les combats qui ensanglantent l'Europe. Bien au contraire, la production intensive de matériel militaire, qu'ils livrent aux alliés, galvanise leur économie. C'est ainsi qu'à la fin de la guerre et face au vieux monde en ruines, ils apparaissent comme la première puissance mondiale. Les grands mythes américains déferlent alors sur la planète. Dans la littérature et le cinéma règnent les gangsters et les cow-boys. Toute la génération de l'entre-deux guerres s'identifie aux étoiles du cinéma, comme Clark Gable et Vivian Leigh, ou rit aux facéties de Chaplin et des frères Marx.

Les premiers emprunts du français à l'anglais

L'emprunt de mots anglais en français et la rivalité de l'anglais et du français comme langues à vocation internationale sont deux choses distinctes. Les emprunts à l'anglais étaient loin d'être absents en français lorsque le philosophe anglais Hume, à propos de la diffusion internationale du français, écrivait, en 1767, avec un étonnant sens prophétique :

"Laissez les Français tirer vanité de l'expansion actuelle de leur langue. Nos établissements d'Amérique, solides et en pleine croissance, promettent à la langue anglaise une stabilité et une durée supérieures."

Pourtant, à la même époque, il était encore de bon goût, chez les souverains étrangers, de faire venir à leur cour des écrivains français : Descartes auprès de Christine de Suède, Voltaire chez Frédéric de Prusse sont les exemples les plus fameux. De 1650 à 1780, l'anglais, pour des raisons liées aux événements que j'ai rappelés plus haut, contient encore beaucoup plus de mots français que le français ne contient de mots anglais ; mais le rapport des forces est en train de s'inverser : les emprunts de l'anglais au français diminuent de 75 %, alors que ceux du français à l'anglais augmentent de 200 %. Il faut pourtant garder à l'esprit que 200 % d'un petit nombre ne font toujours qu'un petit nombre.

Par exemple, *club, non-résistance* sont introduits en 1710, *pickpocket* et *rosbif* en 1730. Il existe bien d'autres mots dont on ne peut deviner l'origine anglaise, et qui sont apparus à cette même époque ; prenons *paquebot*, qui vient de *packet-boat*, "navire transportant des colis", ou *redingote*, qui vient de *riding-coat*, "vêtement pour chevaucher". Si heureuses que soient ces adaptations au phonétisme français, elles demeurent marginales. Le mot *pickpocket*, par exemple, n'a jamais eu d'orthographe française, et sa prononciation en français n'est pas très différente de la prononciation anglaise. *Toast*, emprunté vers 1745, s'est d'abord écrit *toste*, mais c'était pour redevenir très rapidement, dès 1750, *toast*, écrit à l'anglaise.

Dans d'autres cas, la phonétique française résiste plus longtemps : le mot *pudding* est signalé dès 1678 ; à l'époque, la prononciation était *poudingue*, car le suffixe *- ing* était inconnu en français ; cette prononciation *poudingue* subsistera jusqu'à la fin du XIXᵉ siècle. Des mots que l'anglais a reçus du latin, comme *insanité* ou du français lui-même, qui les lui reprend, comme *respectabilité*, sont d'autant mieux acceptés qu'ils ont une physionomie française : ils sont tous deux attestés pour la première fois en 1784, époque où commence à paraître le *Journal de la langue française* du "grammairien-patriote" de la Révolution, F.-U. Domergue, qui dénonce déjà l'abus d'anglicismes ! Mais ces derniers vont continuer d'affluer dès le début du Consulat et pendant tout le XIXᵉ siècle.

Les tentatives de protection du français

En 1810, les puristes dénoncent les emprunts clandestins d'allure latine qui viennent en fait de l'anglais, comme *confortable, désappointé, inoffensif, insignifiant*. Mais les écrivains, surtout Stendhal, ne répugnent pas à l'anglomanie, et vers 1855, les grammairiens s'en prennent à *handicap, sport*, ou aux termes du vocabulaire des chemins de fer, comme *ballast, express, tunnel, wagon*. La fin du XIXᵉ siècle, époque d'entente cordiale avec l'Angleterre, est celle de nombreux emprunts, tels que *mentalité* (1877), *esthète* (1882) ou *agnostique* (1884), pour ne citer, encore, que des mots d'origine gréco-latine en anglais même. Il n'en reste pas moins que le français s'efforce de naturaliser les mots anglais par l'intermédiaire de l'orthographe. Plusieurs de ces graphies francisantes ont fait long feu, comme *boucmacaire, grogue, smoquine, métingue, tramoué*, par exemple, proposés par Rémy de Gourmont à la fin du XIXe siècle.

À travers ces phénomènes d'emprunt, on constate une fois de plus que l'histoire des mots reflète celle des idées. *Spleen* va connaître de beaux jours à l'âge romantique. Mais plus tard, le mot tombera en désuétude. Aujourd'hui, il est remplacé par *vague à l'âme*. Les anglicismes suivent eux aussi l'histoire des mots et des idées. Ils ne sont pas plus préservés que les autres de tomber dans ses chausse- trapes. Et de fait, il semble que la première moitié du XXe siècle corresponde à un certain reflux. Certes, les emprunts continuent : *filmer* en 1908, *snober*, lancé par M. Proust en 1921, *kidnapper* vers 1930. Mais de 198 mots introduits de 1890 à 1899, on passe à 132 de 1900 à 1909, 111 de 1910 à 1919 et 47 de 1920 à 1929.

Dès 1911, des puristes éprouvent le besoin de créer une "Société nationale pour la défense du génie français et la protection de la langue française contre les mots étrangers, les néologismes inutiles et toutes les transformations qui la menacent". Dès lors, des dizaines d'associations de protection de la langue vont se former. Plus tard, en 1937, Dauzat, Thérive et Brunot, désireux d'apporter à l'action continue de l'Académie le renfort d'une entreprise convergente, fondent l'Office de la langue française. Quelle sera son incidence sur l'histoire de notre langue ? Deux ans après sa création, l'Office disparaît dans la tourmente de la guerre. Une immense machine à broyer les peuples était en effet en marche ; elle allait ravager l'Europe pendant six ans.

Le 6 juin 1944, 155 000 soldats alliés débarquent sur les plages de Normandie. Quelques jours plus tard, le fameux "mur de l'Atlantique" se rompt sous la pression des troupes alliées. L'irrésistible percée vers Paris aboutit, le 25 août, à la capitulation des troupes d'occupation. Les Parisiens fêtent dans l'allégresse la libération de la capitale.

Le 8 mai 1945, la guerre qui s'achève laisse apparaître le décor lunaire des villes européennes transformées en d'immenses terrains vagues. C'est une Europe libérée, mais dévastée par six années de tragiques déchirements et de génocides, que se partagent Roosevelt et Staline, ayant négocié l'après-guerre dès la conférence de Yalta. Elle est désormais divisée en deux blocs aux systèmes idéologiques diamétralement opposés. Un rideau de fer infranchissable coupe en deux le vieux continent. Tandis qu'à l'est, une grande partie des pays d'Europe centrale passe sous la maîtrise de l'URSS et se dote d'une économie de type socialiste, à l'ouest, on négocie, sous l'égide des États-Unis, le "pacte de l'Atlantique Nord".

Le plan Marshall et ses conséquences

Pour pallier la faillite de l'Europe occidentale et faire face au péril qu'incarnent à ses yeux les partis communistes, dont les résultats électoraux sont en progrès constant, l'Amérique lance, dès 1948, le plan Marshall. La France, deuxième bénéficiaire de l'aide américaine, reçoit six milliards et demi de dollars, dont l'essentiel se présente sous forme de dons en biens d'équipement, et le reste en prêts à long terme. C'est le prix à payer pour relancer l'économie européenne.

Le plan Marshall, dont la réussite est incontestable pour le redressement économique de l'Europe affaiblie, accentue le phénomène qui se produit simultanément dans la langue. La préoccupation à moyen terme de la politique américaine est de redresser le niveau de vie des Européens afin de retrouver rapidement ce marché potentiel de plusieurs millions de consommateurs, avides d'acheter tous les nouveaux produits et objets inconnus venus d'outre-Atlantique. Les industriels américains, très conscients du fait que leur production cinématographique est le meilleur ambassadeur de leurs produits de grande consommation, imposent également aux Européens l'importation d'un énorme quota de films hollywoodiens. Dans le sillage des fantassins, des surplus de l'armée yankee, des symboles et des films américains qui déferlent sur l'Europe, la France découvre, éblouie, une nouvelle culture et de nouveaux modes de vie, présentés comme un idéal : l'*American way of life*, avec ses voitures luxueuses, ses appareils électro-ménagers futuristes, son *rock and roll* et son Coca-Cola. Au cinéma, on vibre pour les cowboys, les grands espaces, et tous ces clichés qui font le mythe de la réussite à l'américaine. Ces modèles culturels vont profondément remodeler socialement, politiquement et psychologiquement les mentalités, en particulier la génération issue de l'explosion des naissances.

Les investissements américains en France ont augmenté de 250 % entre 1960 et 1980, et constituaient à la fin des années quatre-vingt plus de 3 % du revenu national. L'internationalisation de l'anglais comme langue du commerce semble favoriser les échanges, et elle est donc bien vue par la bourgeoisie d'affaires française, dont l'intérêt ne coïncide pas toujours avec l'attachement à l'identité nationale manifestée par le prestige du français.

Pour la première fois dans l'histoire du français, le combat pour la langue n'est plus celui de patriotes contre un ennemi, puisqu'au contraire, les relations entre la France et les États-Unis, comme avec la Grande-Bretagne depuis le deuxième tiers du XIXe siècle, sont pacifiques, et intégrées dans un système d'alliance.

La mode de l'anglais

S'il y a guerre économique larvée, les marchands français importateurs de produits américains sont ceux à qui elle profite. Ceux-ci importent, de fait, dans le sillage de ces produits, un grand nombre de mots américains, tout comme le font ces autres formes de profit que sont la télévision, la radio et une bonne partie de la presse écrite. Depuis une quarantaine d'années, le rythme des apports de mots étrangers, introduits ou accrédités par les médias, est devenu trop rapide pour laisser place aux créations lexicales. Celles-ci arrivent, le plus souvent, longtemps après que la familiarité avec l'objet ou avec la notion à désigner a bien accrédité le terme importé.

De plus, les mots anglais sont souvent courts, et donc moins coûteux à produire (à condition que leur prononciation soit assez francisée), ce qui a favorisé, par exemple, *boomer, CD* ou *tweeter*, au lieu de *haut-parleur de graves, disque compact*, ou *haut-parleur d'aigus*.

Dans la mesure où c'est une caractéristique des mots dans les langues que de ne posséder (à moins que l'on ne soit spécialiste d'étymologie) qu'une relation arbitraire avec ce qu'ils désignent, la plupart des francophones ne sont pas gênés par l'emploi des anglicismes.

Quand, au contraire, ils pratiquent une analyse des suffixes pour créer des mots nouveaux, ceux qu'ils créent, bien que constitués d'éléments anglais, procèdent d'une erreur d'interprétation et sont incompréhensibles en anglais. Ils doivent donc être considérés comme typiquement français, et non comme des emprunts directs à l'anglais. Tel est le cas de *dancing, parking, pressing*, qui désignent en français des lieux alors qu'en anglais, le suffixe *-ing* ne peut s'appliquer qu'à des activités, et non aux endroits où elles se pratiquent ; tel est aussi le cas des faux anglicismes *recordman, tennisman, moto-cross* ou *auto-stop*. Ces quelques exemples montrent que l'imprégnation est donc assez forte pour susciter une créativité, même quand celle-ci s'exerce contre la norme.

Le mot de facture anglaise, existant ou non en anglais, est paré d'un plus grand prestige. C'est pourquoi il sert à mieux vendre, donnant une allure "américaine" à ce que l'on vend : *relax-fauteuil* et *attaché-case* sont moins banals et plus pourvoyeurs de fierté que *fauteuil de détente* et *mallette*. De même, le mot anglais est le support de représentations culturelles qui séduisent et qui sont étrangères au mot français. C'est pourquoi, sans doute, *cuisinette, fin de semaine* et *bidule* n'ont pu encore, aujourd'hui, l'emporter sur *ki(t)chenette, week-end* ou *gadget*. Et l'on ne sait pas toujours, quand l'usage a accrédité des formations lexicales qui paraissent naturelles, qu'il s'agit, en fait, de simples calques de l'anglo-américain, comme *point chaud, guerre froide, prêt-à-porter, contrôle des naissances, soucoupe volante* ou *donner le feu vert*, qui décalquent, respectivement, *hot spot, cold war, ready-to-wear, birth-control, flying saucer* et *to give the green light*.

Pénétration de l'anglais et seuil de tolérance

De nombreuses tentatives ont été faites pour substituer aux mots américains des mots français considérés comme tout aussi adéquats aux objets et aux notions à désigner. Ces entreprises ont permis d'obtenir certaines victoires ponctuelles. Ainsi, *baladeur, cadreur, logiciel, ordinateur, perchiste* et *stimulateur cardiaque* l'ont emporté, ou sont en voie de l'emporter, sur *walkman, cameraman, software, computer, perchman* et *pacemaker*. Pourtant *mercatique*, même soutenu par un arrêté officiel de 1987 et inspiré d'*informatique*, n'a pas pu, jusqu'ici, supplanter *marketing*. Quoi qu'il en soit, si l'on peut demeurer ouvert à l'emprunt lorsque le mot étranger désigne une réalité nouvelle qui ne possède pas de nom dans la langue d'accueil, en revanche, ce n'est pas figer la langue que de refuser d'admettre

AFP

La belle Rita Hayworth, comme bien d'autres étoiles américaines,
envahit les écrans de cinéma, dans le sillage de l'intervention
des États-Unis lors de la Seconde Guerre mondiale.

que *building, drink, challenge, poster* ou *royalty* appor-
tent beaucoup plus que *bâtiment, boisson, défi, affiche*
ou *redevance*.

Cette réserve est particulièrement justifiée lorsque le
sens d'un mot emprunté, que le français possède déjà,
est celui du mot anglais, qui chasse ainsi le sens du mot
français. C'est là ce qui se produit dans le cas des "faux
amis", qui ne sont plus employés que dans leur sens
anglais, comme *approche* (fait d'approcher), *opportunité* (caractère de ce qui est opportun), *pratiquement*
(d'une manière pratique), *réaliser* (rendre réel), *réha-
biliter* (rétablir dans sa dignité), employés, respectivement, aux sens de "manière d'aborder (un sujet)"
(*approach*), "occasion" (*opportunity*), "presque"

(*practically*), "se rendre compte" (*to realize*), et "res-
taurer (un objet)", "guérir d'une infirmité (un individu)" (*to rehabilitate*). Il faut noter que les mots
anglais sont souvent courts, ce qui favorise beaucoup
leur pénétration dans notre langue. Ainsi utilise-t-on
volontiers *clip, scoop, spot*, monosyllabes agiles, au
lieu de *bande promo, exclusivité, message publicitaire*.

Sur un lexique français d'environ 60 000 mots, le
nombre des mots anglo-américains se situe aujourd'hui
aux alentours de 1 500, soit 2,5 %. Mais, en l'occur-
rence, la quantité nous indique peu de choses, car la
majorité de ces 1 500 mots anglais sont des mots
d'usage courant. On pourrait considérer que cette proportion n'est pas alarmante. Et pourtant, ici comme
dans les précédents chapitres, il se vérifie bien que
l'histoire du français est celle d'un combat. En effet, ce
sont non seulement les puristes, gardiens vigilants par
nature, mais aussi les milieux cultivés, qui, tout en
reconnaissant cette évidence que l'emprunt fait partie
de la vie normale d'une langue, ont jugé qu'il devait
être contenu en deçà d'un seuil de tolérance. De fait, les
défenseurs du français se sont mobilisés pour contenir
l'emprunt dans des limites au-delà desquelles ils
considèrent qu'il y aurait saturation. C'est assez dire
qu'aujourd'hui comme hier, la lutte pour le français
est politique autant que culturelle.

Le pouvoir des multinationales

Pour certains, la langue anglo-américaine semble
bien être celle qui convient à notre époque ; une époque
du tout "jetable", appareil de photo, rasoir, stylo, lampe
de poche, etc ; une époque où la surconsommation a
besoin pour s'exprimer d'un langage réaliste et ven-
deur, rapide et efficace, sans fioritures, ni métaphores
excessives qui lui font perdre du temps. L'économie de
marché ne veut plus connaître de frontière, et la planète

entière devrait passer sous l'influence de sociétés multinationales, dont la puissance financière rivalise désormais avec les pouvoirs politiques des États.

Pour sortir vainqueurs de cette compétition commerciale, les états-majors de ces sociétés doivent oublier les particularismes nationaux. Le concept de citoyen devrait céder la place à celui de consommateur. Les multinationales disposent d'une arme puissante et efficace : un réseau mondial de télécommunications multimédia, qui permet de maîtriser l'information et nous transporte dans un espace virtuel où les impératifs de communication engendrent une simplification à outrance de la langue, au profit d'un code utilitaire et universel. Les informations transmises se succèdent à une vitesse si vertigineuse qu'elles semblent surplomber à l'infini les capacités de la mémoire humaine, interdisant du même coup toute analyse et tout recul critique.

En passant de l'ère de Gutenberg à celle de Mac Luhan, nous sommes entrés dans une époque où la langue française a le devoir de se battre pour garder son rang et pouvoir offrir, le jour venu, une autre façon de dire et de penser le monde.

CHAPITRE 8

LES LUTTES
POUR LES LANGUES RÉGIONALES
En 1951, la loi Deixonne
donne aux langues régionales droit de cité
dans l'enseignement.

"Toute sa vie, on aime à se rappeler
la chanson en dialecte populaire
dont on s'est amusé dans son enfance.
Mais on ne fera jamais de science,
de philosophie, d'économie politique en patois."

Renan

La langue est, nous l'avons vu, un instrument essentiel du pouvoir, et les rois avaient tout intérêt à favoriser l'usage de leur langue maternelle afin d'asseoir leur autorité. Le latin n'était évidemment pas la seule langue exclue par l'ordonnance de Villers-Cotterêts. Les langues régionales l'étaient tout autant, et même davantage, car contrairement à lui, elles étaient bien vivantes, et donc conçues comme des rivales potentielles.

L'écrivain Ernest Renan, usager, mais non défenseur, du breton.

Jusqu'à François Ier, les ordonnances royales les avaient tolérées dans les actes de justice. Mais nous savons que, par l'ordonnance de Villers-Cotterêts, en 1539, François Ier affirmait la suprématie du français comme langue d'État. C'est pourquoi la politique qu'il a inaugurée marque un tournant important dans l'histoire de notre langue.

La politique linguistique de la France vis-à-vis de ses langues régionales

En fait, dès la seconde moitié du XVe siècle, le français n'avait cessé de progresser dans l'usage écrit ; et les États du Languedoc, notamment, l'avaient adopté pour correspondre avec la couronne.

Le phénomène d'imposition des langues du pouvoir politique était même européen : en Espagne, en 1492, année même de l'achèvement de la Reconquête sur l'Islam, le grammairien Nebrija avait consacré la suprématie du castillan comme langue des rois catholiques ; et en 1536, soit trois ans avant Villers-Cotterêts, le roi d'Angleterre Henri VIII avait proscrit l'usage du gallois, qui était pourtant la langue celtique des plus anciens habitants.

La monarchie absolue poursuivra méthodiquement, surtout lors des guerres de conquête, cette politique de francisation. La république la poursuivra également : rappelons-nous que l'abbé Grégoire considérait les patois comme un héritage du despotisme, et que la Convention prit contre eux un décret très sévère, le 2 thermidor an II. C'est toute l'ambiguïté de la politique jacobine que de prôner un principe aussi respectable que l'égalité en droit pour tous les citoyens, et, en même temps, de nier un droit aussi naturel que le droit à la différence. C'est que la république, unifiée et cohérente, ne connaît pas de communautés ou groupes solidaires, mais seulement des individus égaux entre eux. L'héritage de ce schéma de pensée est d'autant plus puissant qu'il est largement inconscient.

Les régimes qui suivent la Révolution reprendront la même politique de primauté du français. Le Consulat promulgue en l'an XI (1803) un arrêté par lequel l'usage du français dans les actes publics ou privés est étendu à la Belgique, à la Rhénanie, à l'Italie du Nord, territoires récemment conquis. En 1859, un arrêt de la Cour de cassation condamne l'usage de l'italien dans les actes publics et privés en Corse. En 1861, dans l'ancien comté de Nice, cédé à la France en 1860, la politique piémontaise de promotion de l'italien aux dépens du français avait été remplacée par la politique inverse. Plus tard, une politique de francisation accélérée sera appliquée en Alsace, redevenue française après la Première Guerre mondiale.

Les langues régionales en France

Quelles sont-elles, ces langues régionales que la diffusion croissante du français au cours de son histoire comme langue du pouvoir politique a reléguées dans une situation précaire ? On les a souvent appelées "patois", de manière condescendante, voulant dire qu'elles n'étaient que des idiomes populaires des provinces, alors que tout instrument de communication se servant de sons pour produire du sens à travers l'application de règles est une langue au sens scientifique du terme. Si l'on excepte les parlers d'oïl du nord de la France, tous plus ou moins étroitement apparentés à celui de l'Ile-de-France, de l'Orléanais et de Champagne, qui a donné le français - à savoir les parlers attestés de la Normandie à l'ouest jusqu'à la Lorraine et à la Franche-Comté à l'est, ou de l'Artois et de la Picardie au nord jusqu'au Berry au sud - il existe en France, encore aujourd'hui, *quatre langues* dont l'usage s'est conservé .

La première, le *basque*, est, de toutes les langues de France, la plus ancienne ; elle était parlée avant même l'arrivée des Gaulois, et plus généralement avant l'arrivée des Indo-européens. Les origines de cette langue, tout comme celles du peuple basque restent, à ce jour, à peu près opaques. Aujourd'hui on la parle dans une partie des Pyrénées-Atlantiques, et surtout au nord de l'Espagne.

Le *breton*, en deuxième lieu, est également une langue non romane, d'origine celtique, tout comme le gaélique écossais, le gallois ou l'irlandais. Elle est parlée dans la partie extrême de la Bretagne, (département du Finistère au nord et surtout au sud), ainsi que dans la partie occidentale des Côtes du Nord et du Morbihan. Le breton d'aujourd'hui est le résultat de l'évolution commune du celtique insulaire venu de Grande-Bretagne et du celtique continental parlé en "Petite-Bretagne". Malgré la vitalité et la compétence des centres de recherche et d'enseignement qui lui sont consacrés, il subsiste un décalage entre la langue universitaire, fruit d'une unification partiellement arbitraire, et celle qui est parlée quotidiennement, dans les campagnes, par environ 350 000 personnes.

Le *catalan*, en troisième lieu, est essentiellement parlé en Espagne, dans les régions de Barcelone et de

Valence. Du côté français, on ne parle aujourd'hui cette langue que dans un petit territoire, que l'on appelait autrefois le Roussillon.

Enfin, l'*occitan* regroupe les idiomes parlés sur un vaste territoire, qui va de la Gironde aux Hautes-Alpes : on distingue l'occitan du nord, qui regroupe le limousin, l'auvergnat et le provençal alpins ; l'occitan du sud, qui comprend le languedocien, le provençal et le niçart, et à l'ouest, le gascon et son dialecte principal, le béarnais, limités par les Pyrénées, l'océan et la Garonne jusqu'à Toulouse.

En dehors de ces *quatre langues*, il existe encore quatre dialectes, qui appartiennent à des groupes linguistiques dont les membres principaux sont les langues de pays voisins.

L'un est le *corse*, qui est un dialecte de l'italien, la Corse ayant été sous la domination de Gênes pendant cinq siècles et surtout sous celle de Pise de la fin du XIe à la fin du XIIIe siècle. C'est l'occupation pisane qui a laissé l'empreinte la plus durable sur le parler corse.

Un autre parler est l'*alsacien*, dialecte alémanique, qui est encore utilisé quotidiennement dans l'ensemble de l'Alsace.

Un troisième parler est le *mosellan*, dialecte francique. Le mosellan descend directement de la langue des Francs, celle de Clovis et de Charlemagne. On le parle aujourd'hui au Luxembourg. En France, il est encore vivant au nord et à l'est de Metz, dans une zone jalonnée par les localités de Cattenom, Sierck, Basse-Ham, Petite-Rosselle, etc.

En dernier lieu, il faut mentionner le *flamand*, dialecte néerlandais, qui se parle encore à l'extrême nord du département du Nord, dans l'arrondissement de Dunkerque, jusqu'à Bailleul environ, sur le territoire traversé par le cours supérieur de l'Yser et par les cours moyens de l'Aa et de la Lys.

Depuis l'abbé Grégoire, une étrange ambiguïté de la politique républicaine des langues régionales est

Roger-Viollet

Remise de médailles pour les comices agricoles ;
illustration pour *Madame Bovary*, de G. Flaubert,
par Brispot, 1902. Musée de Lisieux.

qu'elles n'ont jamais été aussi bien étudiées qu'après
leur éviction hors de l'usage accepté. L'enquête que fit
Grégoire en 1790 sur les patois montre bien que dans
la mesure même où on les pourchasse, on les promeut
comme objets scientifiques, certes pour les muséifier,
mais assez pour solliciter l'attention des savants. Après
l'enquête de Grégoire, on verra d'autres grandes
enquêtes, comme celles de Coquebert de Montbret
(ministre de l'Intérieur du Premier Empire, 1806), ou
de Fortoul (ministre de l'Instruction publique du
Second Empire, 1852), en écho à l'intérêt renaissant
des romantiques pour les littératures orales des vieilles
provinces. Et en 1864, c'est un autre ministre de l'Instruction publique, Victor Duruy, qui fait procéder à une
vaste enquête, certes pour répandre davantage encore le
français, mais avec des résultats scientifiques intéres-

sants pour nous. Après lui, Jules Ferry, ministre de l'Instruction publique de 1879 à 1883, pose les bases durables de l'enseignement en France, en rendant l'instruction laïque, gratuite et obligatoire.

Jules Ferry, l'école républicaine et le français

Jules Ferry engagea toutes ses forces dans la bataille livrée pour le succès de son œuvre, l'école de la république, guidé par le souci constant d'égalité entre les citoyens.

"Avec l'inégalité d'éducation, je vous défie d'avoir jamais l'égalité des droits, non l'égalité théorique mais l'égalité réelle", affirmait-il.

Ce principe d'égalité des chances impliquait l'uniformisation nationale des programmes, et imposait donc l'usage du français comme unique support du savoir. L'enseignement primaire fut ainsi profondément remanié. Après la loi de juin 1881, la gratuité des écoles primaires fut définitivement établie. L'obligation et la laïcité furent deux notions beaucoup plus difficiles à obtenir. Mais finalement la prière et le catéchisme furent remplacés par la morale et l'instruction civique avec la loi du 28 mars 1882, malgré l'opposition de l'Église et des milieux cléricaux. Le véritable débat de fond était de savoir si l'école devait continuer à former des chrétiens, ou bien permettre aux citoyens de se former un esprit critique. Mais surtout, pour ce qui nous intéresse ici, cet enseignement, du fait même de son inspiration républicaine, n'octroyait aucune place aux langues régionales.

Cette muséification est même le fait d'anciens patoisants, qui sont pourtant loin de mépriser leur patois, qui lui sont attachés, mais lui dénient, en tant que manifestation d'une culture et d'un folklore local, toute dignité littéraire et scientifique. Ainsi, Renan, né à Tréguier, s'écrie en 1889 :

Giraudon

Jules Ferry, portrait de L.J F. Bonnat, 1888 ;
Paris, université de Paris-Fondation Ferry.

"Toute sa vie, on aime à se rappeler la chanson en dialecte populaire dont on s'est amusé dans son enfance.
Mais on ne fera jamais de science, de philosophie,
d'économie politique en patois."

Et Georges Leygues, né à Villeneuve-sur-Lot, déclare
en 1902, alors même qu'en tant que ministre de l'Instruction publique il exclut les langues régionales de
l'école :

"J'aime beaucoup l'idiome de ma province, je le
parle et je lui trouve une saveur particulière. Je regret-
terais beaucoup qu'il disparût".

D'autres ministres après lui, patoisants ou non,
conduiront la même politique : ils ne feront de place
qu'au français, langue de l'État et de la nation, facteur

d'unité politique, et le diront expressément : Gaston Doumergue en 1910, Anatole de Monzie en 1925, Jean Zay en 1936, qui reprendront l'argument traditionnel de la surcharge des programmes, et même de la nocivité du bilinguisme !

La défense des langues régionales s'organise

Cependant, face à cette politique active de francisation menée par l'État jacobin, les défenseurs des langues régionales s'organisent et s'efforcent de convaincre. Dès 1870, des spécialistes du basque et du breton déposent au Corps législatif une pétition contenant un ensemble d'arguments qui seront régulièrement repris par la suite, bien qu'étant donné la date, toute proche, de la disparition violente du Second Empire, cette pétition passe alors inaperçue : parenté des langues régionales avec celles d'États voisins, action favorable du bilinguisme sur l'intelligence, association entre conservation des langues provinciales et décentralisation. D'autre part, au milieu du siècle, le poète provençal Frédéric Mistral avait réuni autour de lui six autres poètes provençaux, et créé le Félibrige, à l'instar de la Pléiade de Ronsard. Cette association avait pour but la renaissance d'une véritable langue occitane commune, et la constitution d'une orthographe aussi fidèle que possible à la prononciation de la langue dans sa variante provençale.

Dans les années vingt du XXe siècle, les monarchistes Léon Daudet et Xavier de Magallon reprendront ces arguments en faveur de l'occitan. En 1936, le député Trémintin dépose un projet de loi concernant le breton. En 1941, un secrétaire d'État de Vichy, Jérôme Carcopino, autorise enfin par arrêté des cours facultatifs de basque, de breton, de flamand et d'occitan, en dehors du temps scolaire. Le combat en faveur des langues régionales s'intensifie après la guerre. Son terrain de prédilection devient celui de l'école et ses militants sont les enseignants. En 1945, sous l'impulsion de l'Institut d'Études Occitanes, de jeunes instituteurs du Languedoc fondent le Groupe Antonin Perbosc, afin d'introduire la langue d'oc à l'école. En 1946 est organisé le premier stage de formation provençale au centre éducatif de Belmont, au cours duquel est créée l'association Lou Prouvençau a l'escolo. Les manuels pédagogiques ne tardent pas à suivre. Devant le sérieux de l'entreprise, le gouvernement prend une première mesure : l'Institut d'Études Occitanes et d'autres associations du même type défendant le breton, le basque et le catalan sont reconnus d'utilité publique.

Le projet Deixonne soulève les passions

Cependant, un point important demeure sans solution : si l'on tolère que certains instituteurs enseignent les langues régionales à l'école, cette pratique reste totalement illégale. Face à cette situation, le Mouvement Républicain Populaire et le Parti Communiste déposent des projets de loi en faveur de l'enseignement facultatif du breton et du catalan à l'école. En dépit de l'opposition d'académiciens comme Georges Duhamel en 1950, reprenant les idées défendues par un autre académicien, Jacques de Lacretelle, en 1942, le processus s'accélère lorsqu'un député socialiste, M. Deixonne, en réalité beaucoup moins motivé par une sollicitude à l'égard des langues régionales que par le souci politique de ne pas laisser l'initiative aux partis rivaux, élargit au basque et à l'occitan les projets déposés pour le breton et le catalan par des membres du MRP et du PC.

Les débats en commission parlementaire et dans la presse sont houleux. Dans les Annales, un article de Max Rouquette, intitulé "Une mesure d'intelligence et de justice, le projet de loi Deixonne'', fait sensation. Le secrétaire de l'Institut d'Études Occitanes va même jusqu'à citer Auguste Bebel, le père du socialisme allemand à la fin du XIXᵉ siècle :

"Tout peuple et toute fraction de peuple qui parle une autre langue maternelle que le peuple dirigeant peut revendiquer, du point de vue des intérêts de la civilisation et de ses droits humains, le droit d'être instruit dans la langue qu'ont parlée ses pères''.

Les discussions les plus vives portent sur l'enseignement primaire. Les adversaires du projet de loi opposent les arguments les plus divers : d'ordre matériel (le manque de crédit, ou la nomination des maîtres dans leur région d'origine), d'ordre pédagogique (formation des maîtres, variété des parlers à l'intérieur de chaque langue régionale). La question de la surcharge des programmes revient fréquemment. On avance même le suprême argument jacobin : l'enseignement des langues régionales est dangereux car il nuit à l'enseignement du français, et il porte atteinte à l'unité française, la France risquant de devenir une tour de Babel ! Deixonne réplique à ses détracteurs que la cohésion nationale est suffisamment forte aujourd'hui pour que la France puisse s'orienter sans crainte vers une forme de décentralisation.

Il réussit à faire voter, en janvier 1951, la loi qui porte son nom. L'article III de cette loi marque l'entrée officielle des langues régionales dans l'enseignement :

"Tout instituteur qui en fera la demande pourra être autorisé à consacrer, chaque semaine, une heure d'activités dirigées à l'enseignement de notions élémentaires de lecture et d'écriture du parler local et à l'étude de morceaux choisis de la littérature correspondante. Cet enseignement est facultatif pour les élèves.''

Non intégré aux programmes officiels, cet enseignement a pour sanction une épreuve facultative au baccalauréat, les points obtenus ne comptant que pour l'attribution d'une mention, et non pour l'admission.

En 1975, une loi relative à l'éducation, dite loi Haby, renforce encore à l'école l'enseignement des langues régionales, au nombre desquelles la circulaire Savary de 1982 ajoutera le flamand. En 1977, FR3-Méditerranée diffusait pour la première fois un programme en provençal. Ce type de diffusion était alors relativement marginal. Ce n'est qu'à partir de 1981 que la diffusion d'émissions dialectales, confiées à des comédiens ou à des chanteurs régionaux, se généralise. En Alsace, au mois de septembre 1983, une émission en dialecte alsacien entre directement en concurrence avec celles des autres chaînes françaises et allemandes.

De fait, aujourd'hui, malgré l'apparition de nouvelles chaînes locales à vocation dialectale, personne ne songe plus à remettre en question l'intégration d'émissions parlées en langues locales dans les programmes d'une chaîne régionale : France 3-Bretagne, par exemple, diffuse une émission quotidienne de cinq minutes et une émission de trois quarts d'heure le dimanche, en langue bretonne. De là un regain d'intérêt et de revendications en faveur des langues régionales, sans compter qu'on peut prêter plus d'attention à leur utilité comme fenêtres sur les langues, leurs parentes, qui sont parlées dans les pays voisins avec lesquels se construit l'Europe. Cette entreprise de promotion des langues régionales est conduite avec une résolution qu'accroît encore, chez leurs défenseurs, la prise de conscience du pouvoir énorme des médias, et donc de l'importance de l'enjeu. Chacun constate, notamment, que la télévision, par la pression qu'elle exerce, joue un rôle de normalisation de la langue française. La majorité des Français écoutent en effet le plus fréquemment le parler et la prononciation d'un microcosme médiatique parisien, qui impose des expressions et un accent bientôt repris partout en France.

La Charte européenne sur les langues régionales

En dépit de cette tolérance vis-à-vis des parlers régionaux, la France n'a pas encore ratifié la Charte européenne sur les langues régionales ou minoritaires. Rien d'étonnant à cela, car une grande partie des articles de ce texte va à l'encontre de 400 ans de politique linguistique de l'État français, notamment lorsque la Charte prévoit, dans certaines de ses propositions les plus radicales, une utilisation systématique de la langue régionale à la place de la langue nationale. Ce texte propose, en effet, que l'enseignement soit assuré, dès le premier cycle, exclusivement dans la langue régionale.

Dans le domaine de la justice également, le texte propose que "les juridictions, à la demande d'une des parties, mènent la procédure dans les langues régionales". Il en va de même dans l'administration, où le texte prévoit "que les autorités administratives utilisent les langues régionales" ou dans le domaine politique, où il prévoit "l'emploi, par les collectivités régionales, des langues régionales dans les débats des assemblées". Concrètement, c'est une véritable révolution culturelle qui est proposée à la France jacobine :

"Imaginez d'avoir à établir un chèque en alsacien, à suivre des cours de mathématiques en occitan, à rédiger votre feuille d'impôts en basque, ou à instruire un procès en breton !", pourraient dire les adversaires de la Charte, qui feraient valoir que son application en France serait une violation ouverte de l'ordonnance de Villers-Cotterêts, sujet du troisième chapitre du présent livre.

Pourtant les auteurs de ce texte ambitieux ont pris des précautions, multipliant les marques de respect vis-à-vis de la souveraineté et de l'intégrité territoriale des États. En effet, chaque pays signataire peut choisir d'adopter telle disposition ou de rejeter telle autre en fonction de sa propre identité culturelle. Toutefois, le président de la République, M. Jacques Chirac, lors d'un séjour en Bretagne au mois de mai 1996, a laissé attendre un revirement significatif de la politique de la France vis-à-vis des langues régionales, en affirmant notamment, devant les douze parlementaires du département, qu'il était en parfait accord avec le principe défendu par la Charte. La ratification de ce document, qu'il envisage après une étude approfondie du texte, marquerait un revirement considérable de la politique linguistique de la France.

Aujourd'hui, par un paradoxe qui n'est qu'apparent, la diffusion même du français, que l'éviction des langues régionales, depuis plusieurs siècles, avait eu pour but de servir, est suffisamment large dans toute la population pour cesser d'être un moyen de promotion sociale, et, plus encore, pour cesser d'apparaître comme menacée par les patois. Quoi qu'il en soit, le débat qui a lieu actuellement au sein du pouvoir à propos de cette Charte nous rappelle que la politique de la langue française, imposée par l'État depuis toujours, a créé des schémas de pensée profondément enracinés dans les mentalités.

CHAPITRE 9

LE FRANÇAIS
EN PARTAGE
*Dans les années soixante,
la diffusion de l'anglo-américain suscite
chez les promoteurs du français
l'association des francophones.*

*"La francophonie, c'est cet humanisme
intégral qui se tisse autour de la terre."*

L.S. Senghor

*Comme on l'a montré plus haut, après la Seconde
Guerre mondiale, les États-Unis, avec la mise en place
du plan Marshall, la création de l'OTAN et l'essor de
leur industrie cinématographique, ont assuré pour
longtemps leur suprématie politique, économique et
culturelle dans le monde. Face à cette situation, la
langue française, tout comme la France elle-même,
devait redéfinir sa position parmi l'ensemble des
nations.*

Léopold Sédar Senghor en 1962. Le chantre de la francophonie,
alors président de la République du Sénégal.

Depuis le traité de Versailles déjà, le français a cessé d'être l'unique langue diplomatique. Du point de vue littéraire, le nombre des auteurs français contemporains dont les œuvres passent encore les frontières tend à se réduire. Il apparaît donc que le français, onzième langue mondiale, en nombre de locuteurs, dans la hiérarchie de l'UNESCO, n'a plus la force d'attraction qu'il possédait encore au début du siècle.

À ce déclin culturel est encore venue s'ajouter une crise politique d'importance : la décolonisation. Or on pouvait penser que l'éclatement de l'empire colonial allait sonner le glas du rayonnement de la langue française. Pourtant, c'est précisément autour des États africains, devenus indépendants, que va s'organiser l'entreprise qui redonnera son prestige à la langue française, et qui formera un rempart à l'hégémonie américaine : la francophonie. Il s'agit ici d'un terme dont l'histoire remonte en réalité à la fin du XIXe siècle.

L'intuition d'Onésime Reclus

Certes, dès le début du XXe siècle, divers usagers de la langue française ont éprouvé le besoin de s'unir en associations regroupant, notamment, les gens de même métier. En 1900, par exemple, fut fondée à Paris l'Association des pédiatres de langue française. Le géographe Onésime Reclus est cependant celui qui, avant même cette époque, prit le premier conscience de l'intérêt qu'il pouvait y avoir à systématiser l'utilisation du critère de la langue dans l'étude de la manière dont se définissent les États et entités politiques. C'était là une pensée novatrice et hardie, car les ouvrages d'O. Reclus s'échelonnent entre 1880 et 1904, une époque dont l'état d'esprit, qui s'inscrit dans la mouvance des entreprises coloniales, et qui est fidèlement reflété par le traité de Berlin (1878), consiste à diviser le monde en dominants et dominés. Tournant le dos à cette inspiration, O. Reclus prend pour critère de classement non plus le statut d'État indépendant ou de colonie, mais la langue que chacun adopte comme organe officiel ou comme moyen de définition sociale. Il invente donc le terme de francophonie pour désigner la caractéristique linguistique des territoires où le français est en usage.

Deux idées tout à fait modernes apparaissent déjà dans ses travaux. D'une part, il fait une distinction entre les francophones de naissance et ceux qui adoptent le français comme moyen d'insertion dans le concert des nations. Il est donc clair, dès le début de l'histoire du mot *francophonie*, que lorsque l'on veut mesurer l'importance des diverses langues dans le monde, le critère strictement démographique du nombre de locuteurs n'est qu'un des critères ; un autre est celui du degré de diffusion à travers le monde. Car si une langue parlée par un très grand nombre de locuteurs crée certes entre eux des liens importants, elle ne peut pourtant, lorsqu'elle n'est pas connue au-delà de ses frontières, faire l'objet d'un choix établissant un dialogue capable de féconder les cultures. D'autre part, O. Reclus montrait que la diffusion mondiale

Roger-Viollet

Onésime Reclus, précurseur de la francophonie.

d'une langue est aussi celle d'une certaine civilisation, c'est-à-dire celle des idéaux d'humanisme et de
liberté, dans le cas particulier du français tel qu'on se
le représentait à la fin du XIXe siècle. Enfin, par la
création de cette notion de francophonie, O. Reclus
apportait sa contribution, à travers une vision culturelle et linguistique de la colonisation, à l'effort de
restauration du prestige de la France, humiliée en
1870 par sa défaite devant l'Allemagne et par l'am-
putation du territoire.

Le combat francophone s'anime

Bien que diverses initiatives internationales aient été prises par des associations d'intellectuels et d'écrivains, la notion de francophonie connaît une éclipse jusqu'au début des années soixante. C'est en novembre 1962 que l'écrivain et homme d'État sénégalais Léopold Sédar Senghor reprend cette notion, dans un article de la revue *Esprit* intitulé "Le français dans le monde", par lequel il entendait consacrer l'entrée des pays d'Afrique devenus indépendants, comme le Sénégal en 1960, ou en train de le devenir, dans l'ensemble de ceux qui se servent de la langue française. L'époque est tout à fait propice, car le vœu du président Senghor rejoint, de manière heureuse, les désirs et les inquiétudes de nombreux pays et régions : les nouveaux États africains souhaitent établir entre eux et avec la France des relations différentes de celles de l'ancienne dépendance coloniale, et cela, notamment, par le biais de la culture et de la langue.

Au-delà de l'Afrique, les générations montantes de Québécois sont également attachées à leur identité francophone, unique rempart pour préserver cet îlot de six millions de francophones immergés dans un océan de deux cent cinquante millions d'anglophones américains et canadiens.

De même, les Wallons et les Bruxellois sont anxieux de défendre le français face à la montée du néerlandais, conséquence de la puissance grandissante des Flamands de Belgique dans la vie politique et économique du pays. Les Jurassiens, quant à eux, encore rattachés au canton de Berne, dont ils ne seront séparés qu'en 1978, affirment avec passion leur particularisme linguistique de francophones, qu'ils partagent avec les cantons de Suisse romande indépendants : Genève, Lausanne, Neuchâtel, et pour une part, Valais et Fribourg. La dynamique ainsi créée favorise un grand nombre d'entreprises, dans le courant d'enthousiasme suscité par cette nouvelle idée et cette manière originale de promouvoir le français : réunion, en conférences, des ministres de l'Éducation des différents pays francophones, mais aussi création de beaucoup d'organisations regroupant tous ceux qui, dans divers domaines, reconnaissent entre eux une solidarité due à leur commun usage de la langue française. L'énumération de ces organisations prendrait l'allure d'un fastidieux catalogue, et on ne retiendra ici que les principales, notamment :

• la Communauté radiophonique des programmes de langue française, créée dès 1955,

• l'Association des universités partiellement ou entièrement de langue française (AUPELF), fondée en 1961 à l'université de Montréal,

• l'Association internationale des parlementaires de langue française (AIPLF), créée en 1967,

• le Conseil international de la langue française, fondé en 1967, toutes associations de droit privé, mais de dimension et de vocation publiques. En outre avait été créé en France, en 1965, un Haut Comité pour la défense et l'expansion de la langue française. En Afrique, la même année, est fondée l'Organisation Commune Africaine et Malgache, qui devient le nœud des actions en faveur de la francophonie. Elle est animée, en particulier, par les plus éminents des chefs d'États francophones, dont l'histoire personnelle est, de manière révélatrice, celle d'hommes qui, après avoir utilisé, dans leur lutte contre la colonisation française, une arme que leur offrait la France elle-même, à savoir sa langue, trouvent dans cette dernière, une fois obtenue l'indépendance politique, la base d'un nouveau type de relation avec l'ancienne métropole et avec tout le monde francophone.

Ces hommes sont L.S. Senghor, Charles Hélou, président de la République libanaise à partir de 1964, le prince Norodom Sihanouk, promu chef de l'État cam-

Hamani Diori, président
de la République du Niger,
en 1960.

Charles Hélou, président
de la République libanaise,
en 1964.

bodgien en 1960, Habib Bourguiba, président de la
République tunisienne, Hamani Diori, devenu président de la République du Niger en 1960. Ce dernier
obtient que se tiennent à Niamey, en 1969, la réunion
préparatoire, puis la cérémonie de fondation, de
l'Agence de Coopération Culturelle et Technique,
foyer d'animation du mouvement francophone.
L'Agence recueille, notamment, les nombreux projets
dont bruissent toutes ces années soixante, moment
riche et fécond de l'histoire de la francophonie, dont
un, fort intéressant, qui distinguait quatre types d'États.
Les premiers sont ceux qui ont pour seule langue nationale le français : France et Haïti, où la population
parle cependant, en majorité, le créole, et pas toujours
le français ; d'autres sont ceux qui emploient le français comme langue nationale, mais à côté d'autres
langues : Suisse, Belgique, Luxembourg, Canada ;
d'autres encore sont ceux dont la constitution déclare
le français langue officielle, et où il est parlé par les
plus favorisés : Afrique noire, Madagascar ; enfin
viennent ceux qui l'ont pour langue d'usage, parfois

Habib Bourguiba, président
de la République tunisienne.

Le prince Norodom Sihanouk,
chef de l'État cambodgien,
en 1960.

langue de prestige ou d'affirmation politique : Liban, Maghreb.

Enfin, la communauté francophone a atteint sa maturité en 1986, avec le premier sommet des chefs d'États francophones. Ce sommet rassemble aujourd'hui quarante-sept pays, et décide d'une politique commune pour tous ces États. Le ciment de l'organisation, c'est le Conseil permanent de la francophonie, composé de quinze États membres qui se réunissent tous les deux ans. On peut considérer que la réunion des francophones et les entreprises nombreuses qu'elle a suscitées ont, en donnant une base organique à la promotion active du français, créé le courant, et joué le rôle d'incitation, grâce à quoi ont été encouragées certaines initiatives politiques au sein des pays membres.

La plus importante d'entre ces initiatives est sans doute la célèbre loi 101 du Québec, appelée "Charte de la langue française" (1977), qui déclare le français langue unique de la province. Elle prévoit, notamment, diverses mesures de défense du français dans les domaines du commerce, des affaires, de la publicité, et surtout dans le domaine des conditions d'embauche des travailleurs étrangers, le Québec étant une terre assez ouverte à l'immigration. Car les entreprises situées dans l'ouest de Montréal, notamment, zone partiellement anglophone, offrent du travail en imposant l'usage de l'anglais.

La lutte contre l'hégémonie de l'anglais

Une opinion répandue dans certains pays, et plus encore dans ceux qui sont anglophones, est que le combat mené en faveur du français par tous ceux qui adhèrent à l'association des francophones est une entreprise rétrograde et chauvine qui ne mérite qu'une réaction d'amusement, ou d'agacement. En réalité, il n'est pas vrai que les pays anglophones se contentent de profiter passivement de la puissance de diffusion de l'anglais. On ignore souvent que, dans l'histoire des États-Unis, ce fut une politique concertée et précise qui, dès le début du XIXe siècle, élimina toute autre langue que l'anglais, en particulier le français en Louisiane, où l'anglais fut imposé en 1812, par la première Constitution, contre le français, qui y était encore largement majoritaire à cette époque. Cette orientation est constante. En 1973, par exemple, la Fondation Ford a distribué plus de soixante millions de dollars dans les cinq continents pour former des professeurs d'anglais, notamment en Côte d'Ivoire, en Algérie et au Liban, pays officiellement francophones par leur constitution, ou à tendance d'ouverture au français comme langue d'usage courant. Quant au British Council, subventionné par le gouvernement britannique, il a pour mission d'élargir le plus possible le champ d'enseignement de l'anglais à l'étranger.

Les atteintes de l'anglo-américain au prestige du

français se sont manifestées dans les domaines économique, politique et universitaire. À présent, ces atteintes touchent même le sport. Malgré les efforts des délégations francophones, l'importance du français, langue officielle des jeux Olympiques depuis la (re)création des jeux modernes par le baron Pierre de Coubertin, diminue au fil des manifestations. À Lillehammer (1994), Mme Alliot-Marie, alors ministre de la jeunesse et des sports, avait dû menacer les organisateurs de retirer la délégation française de la cérémonie d'ouverture des Jeux olympiques d'hiver si le français n'obtenait pas plus de considération en Norvège. Le problème s'est aggravé pour les jeux d'Atlanta (1996), où les 1500 volontaires francophones prévus pour encadrer les sportifs ont été réduits à 200. Peu avant ces jeux, M. Viaux, directeur des sports au ministère de la Jeunesse et des sports, s'était alarmé, déclarant que "tout le mouvement francophone, soit quarante-sept pays, était intéressé à ce que les jeux d'Atlanta ne soient pas écrasés sous le poids du rouleau-compresseur anglais."

Les nouvelles technologies (télévisions numériques et multimédia) sont des territoires virtuels aujourd'hui essentiels pour la propagation immédiate de la langue auprès de millions de personnes. Pour rattraper le retard sur "Internet", qui est largement dominé par l'anglo-américain, la première action du ministère de la Culture fut de créer un dossier d'information consacré à la francophonie. Créée à l'initiative de la France, de la Belgique et de la Suisse, la chaîne de télévision TV5 s'est récemment ouverte aux programmes des chaînes publiques et privées canadiennes. Mais malgré de puissants moyens de diffusion à travers cinq satellites qui lui permettent d'être captée dans quarante pays par trente millions de personnes, la chaîne francophone se voit sévèrement concurrencée par les programmes en langues anglaise, allemande, espagnole ou italienne.

La lutte est inégale sur le plan économique, évidemment, et par conséquent tous ceux qui défendent le français le font sur d'autres bases, en utilisant des arguments de culture. L'un d'entre eux est que le français, par les valeurs dont il a été le vecteur, a vocation à l'universalité. Cet argument a été employé, notamment, par un homme d'État français qui, aux étapes initiales du mouvement, intervint le moins possible dans les affaires francophones, afin que la France ne fût pas accusée de néo-colonialisme culturel. Il s'agit du général de Gaulle, qui, en 1965, à l'UNESCO, déclara aux acteurs de la francophonie :

"Ce qui inspire à la France une exceptionnelle sympathie pour vos travaux et pour vos actes, c'est qu'ils ont pour raison d'être de servir l'unité humaine et que cela répond essentiellement à notre propre vocation."

Ce mot fait écho à celui de Renan :

"La liberté, les droits de l'homme, la fraternité ont pour la première fois dans le monde été proclamés en français", ainsi qu'à cet autre, de L.S. Senghor : "La francophonie, c'est cet humanisme intégral qui se tisse autour de la terre".

Les enjeux économiques

Un autre argument en faveur de l'entreprise francophone est que la France n'ayant plus l'intention, ni les moyens, d'une politique de domination, le français prend le visage d'une langue indépendante des hégémonies. Et défendre sa cause, c'est, en même temps, défendre celle des identités nationales fragiles. Telle est l'opinion d'intellectuels du monde arabe, égyptiens par exemple, comme Boutros Boutros-Ghali, qui déclarait en 1981 : "Le français nous intéresse comme langue non alignée", ou le cinéaste Y. Chahine, qui disait en 1982 :

"Si la francophonie a perdu son caractère colonialiste, c'est précisément parce qu'elle est devenue un instrument, un lien, un liant entre les identités nationales des bords de la Méditerranée, face au rouleau compresseur venu de l'Atlantique."

Ainsi, la diffusion du français, en cette fin du XXe siècle, retrouve celle qu'il avait connue au XVIIIe siècle, mais cette fois sur une échelle qui est celle du monde et non plus celle de la seule Europe, puisqu'aujourd'hui, la cinquantaine de pays qui adhèrent à l'association francophone sont répartis sur tous les continents ; il s'agit, en outre, non plus d'un rayonnement dans le cadre d'une domination politique, mais bien d'une réponse originale aux défis redoutables que lance une nouvelle hégémonie.

Ces dernières années, la communauté francophone a pris conscience de la notion de francophonie économique. Dans les pays en voie de développement, tels le Cambodge ou le Vietnam, le rôle des investisseurs francophones s'avère primordial. Face aux investisseurs voisins d'Asie orientale, les Malais, les Chinois de Taïwan, de Singapour et de Hong Kong, qui mènent leurs affaires en anglais, le prestige du français est gravement menacé. À quoi bon parler français, en effet, si la langue française dans ces pays n'est plus synonyme de promotion sociale ? Pourquoi former un ingénieur pendant plusieurs années en langue française, si les entreprises qui embauchent exigent qu'on parle l'anglais ?

On assiste alors à un véritable affrontement entre entreprises anglophones déjà bien implantées et entreprises francophones, qui semblent avoir pour seule vocation de gagner de l'argent, au détriment, parfois, de leur propre identité culturelle. C'est ainsi que l'on voit le Crédit Lyonnais de Ho-Chi-Minh Ville correspondre en anglais avec ses clients. La culture ne paraît donc pas être le souci dominant de ces sociétés. Il s'agit aussi d'une bataille économique, où, malheureusement, la jeunesse des pays en reconstruction

(Liban, pays d'Asie du Sud-Est, Roumanie) risque de succomber au mirage du dollar. Pourtant des occasions sont présentes encore aujourd'hui. La langue française bénéficie toujours de son prestige de "langue des libertés" auprès de ces populations traumatisées par la guerre. Il faut saisir rapidement cette chance, car dans dix ans, il sera trop tard. On comprend mieux pourquoi aujourd'hui, même face à des pays amis, ceux où se parle l'anglais, l'histoire du français demeure celle d'un combat.

CHAPITRE 10

LA LOI TOUBON
Elle définit, en 1994,
les limites de l'usage des langues étrangères
dans la vie quotidienne des Français.

"Cette loi est un combat en faveur
de la langue française".

Jacques Toubon

"Je dois prendre la turvoi pour aller à la rega
parce que je dois bouger sur Ripa... "

Stef, rappeur

Des deux grandes interventions du pouvoir politique
dans l'histoire de la langue française avant le XXe
siècle, à savoir l'ordonnance de Villers-Cotterêts
(1539) et la loi du 2 thermidor an II (1794), seule la
première a toujours gardé force de loi, fondant même le
français comme langue officielle de l'État.

M. Jacques Toubon, alors ministre de la Culture
et de la Francophonie, au festival du film américain de Deauville,
en septembre 1993.

Au contraire, la tourmente qui suit la chute de Robespierre, une semaine seulement après la loi du 2 thermidor, rend précaire son application ; celle-ci, étant soumise à un complément d'instruction qui ne fut jamais délivré, fut suspendue par la Convention dès le 16 fructidor.

La loi Bas-Lauriol

Mais au XX⁰ siècle, une quatrième grande loi linguistique de l'État (en comptant la loi Deixonne de 1951) devait voir le jour (si l'on excepte l'arrêté ministériel de février 1901, qui concernait, en fait, diverses simplifications grammaticales et orthographiques). Il s'agit de la loi dite Bas-Lauriol, du 31 décembre 1975. Depuis le début des années cinquante, un courant de plus en plus important s'était manifesté en faveur du français. Deux jalons en sont la parution, en 1964, de l'ouvrage de René Etiemble *Parlez-vous franglais ?* et la fondation des assises de la francophonie, qui a fait l'objet du chapitre précédent. En 1966, le gouvernement du général de Gaulle crée le Haut Comité pour la défense et l'expansion de la langue française. Adhérant, comme les autres pays francophones, au Conseil international de la langue française, qui menait campagne pour la création néologique, la France, sous la présidence de Georges Pompidou, installa auprès des divers ministères, à partir de 1972, des commissions de terminologie, chargées d'enrichir le français par une série de propositions, applicables aux domaines et métiers les plus variés, et qui donnèrent lieu à de nombreux arrêtés. Les demandes foisonnaient, par ailleurs, en faveur d'un corps de dispositions légales. Non sans ironie, les États-Unis eux-mêmes, dont la langue menaçait et menace toujours le français, offraient un exemple, puisque des campagnes y étaient menées en faveur des consommateurs, et qu'en France, on considérait de plus en plus qu'il fallait les protéger contre l'opacité de l'anglais, omniprésent dans la publicité et les modes d'emploi!

C'est dans ce contexte que deux parlementaires, MM. Le Douarrec et Bas, prennent l'initiative d'un projet de loi dont le rapporteur sera M. M. Lauriol, d'où le nom de loi Bas-Lauriol. Votée à l'unanimité du parlement, cette loi rend obligatoire l'emploi du français dans les transactions, dénominations et modes d'emploi des produits, rédactions des offres et contrats de travail, inscriptions sur biens publics ou privés, informations ou présentations de programmes de radiodiffusion et de télévision ; par ailleurs, la loi prohibe les termes étrangers dont il existe en français un équivalent agréé. Les auteurs du projet souhaitaient étendre la loi aux marques de fabrique et aux noms des sociétés commerciales. Ils ne furent pas suivis. Mais surtout, l'application de la loi Bas-Lauriol, en dépit des circulaires de 1977 et 1982 qui la renforçaient, fut insuffisante : ainsi, de 1990 à 1994, sur 5 834 interventions d'associations de consommateurs ou de défenseurs du français, 44 seulement donnèrent lieu à des condamnations par les tribunaux.

Du projet de Mme Catherine Tasca à la loi Toubon

Ce fut avec le souci de réactualiser la loi Bas-Lauriol qu'au printemps 1992, Mme Catherine Tasca, secrétaire d'État à la Francophonie et aux Relations culturelles extérieures, lança une vaste consultation, à laquelle prirent part le Conseil supérieur de la langue française, où siègent de nombreux linguistes, et la Délégation générale à la langue française. Cette consultation répondait, notamment, à la demande des autres pays francophones, parmi lesquels l'inquiétude allait croissant face aux progrès constants de l'anglo-américain dans tous les domaines, et à la mollesse des réactions françaises devant sa pénétration en France même. L'année 1992 vit donc aussi, le 25 juin, une révision constitutionnelle, sous la forme d'un article 2 consacrant le français comme langue de la République : signe des temps que cet amendement, puisque quand la langue française était sûre de son empire, une telle précision n'était pas ressentie comme nécessaire.

Le 4 décembre 1992, Mme C. Tasca réunit un séminaire sur le thème "La langue et la loi", auquel assistèrent plusieurs linguistes et autres membres du Conseil supérieur de la langue française, qui avaient participé à l'élaboration du texte d'un avant-projet. Le 23 décembre de cette même année fut déposé au Sénat un projet de loi relatif à l'emploi de la langue française. Mais il n'eut pas le temps d'être examiné, du fait des élections législatives de mars 1993. Ce projet de loi, cependant, ajoutait à la loi Bas-Lauriol plusieurs dispositions intéressantes, notamment aux chapitres de la protection des travailleurs, du recours possible aux langues régionales, de la promotion du multilinguisme, de la défense du français dans l'audiovisuel, et de la communication scientifique, ce dernier point, évidemment difficile, suscitant les réserves des chercheurs sur toute mesure qui risquait à leurs yeux, en imposant le français, de condamner la science française à l'ostracisme.

En dépit du changement de majorité politique en France à la suite des élections de mars, l'année 1993 ne modifie pas les données : comme l'avait montré le vote unanime de la loi Bas-Lauriol, le souci de défendre le français est général et traverse les clivages idéologiques. La nécessité de cette défense est rendue encore plus urgente par la diffusion toujours plus large de l'anglo-américain. En octobre, le cinquième Sommet de la francophonie, réuni à l'île Maurice, vote des résolutions sur le français aux Jeux olympiques, ainsi que dans les organisations et dans les relations internationales, enfin et surtout sur l'exception culturelle dans les accords fixant les tarifs douaniers appliqués aux échanges commerciaux (GATT). Le but est de maintenir une forte production culturelle francophone. Peu avant le Sommet de l'île Maurice, cent un intellectuels québécois avaient signé un manifeste dénonçant l'attitude laxiste de la France devant la pénétration de la culture et de la langue anglo-américaines sur son territoire.

Le 23 février 1994, le Conseil des ministres adopte un projet de loi présenté par M. J. Toubon, ministre de la Culture et de la Francophonie, qui reprend et élargit le projet de Mme C. Tasca, et répond au souci de donner à la France, comme le font d'autres pays pour leur langue, une législation défendant le français, notamment contre certains Français eux-mêmes, qui, plus que bien des étrangers et contrairement à ce que l'on croit, s'empressent d'abandonner le français dès lors qu'ils s'imaginent, de manière illusoire, que c'est là une condition d'insertion dans les échanges commerciaux. Le 8 mars 1994, un sondage révèle que 97 % des Français sont attachés à leur langue et que 70 % sont fiers de sa diffusion internationale, que d'autre part 81 à 93 % approuvent le projet de loi, et que 78 % préfèrent le multilinguisme en Europe au déferlement généralisé de l'anglais. Le printemps 1994 est occupé par de longues et vives discussions sur le contenu du projet de loi Toubon, aussi bien dans les deux assemblées du Parlement que dans le pays.

La loi Toubon est finalement votée par l'Assemblée Nationale le 30 juin 1994 et par le Sénat le 1er juillet 1994. Le Conseil Constitutionnel, dans sa délibération du 29 juillet 1994, déclare contraires à la Constitution certaines phrases et alinéas de sept sur les vingt-quatre articles dont la loi se compose : le Conseil censure en particulier, au nom de la liberté d'expression inscrite à l'article 11 de la Déclaration des Droits de l'Homme de 1789, les dispositions rendant obligatoire l'emploi de la langue française dans les distributions de produits et services, les annonces publiques, les règlements et contrats, les messages publicitaires, ainsi que l'article subordonnant l'octroi de subventions pour les travaux de recherche scientifique à l'engagement d'assurer une diffusion en français des résultats.

K-Way, Mc Gregor, Weston : des marques françaises !

En réalité, il semble que ce texte n'ait pas été lu avec toute l'attention désirable, et cela s'applique aussi aux nombreux commentateurs que la loi a fait glapir. Cette loi ne concerne pas le français, mais l'emploi du français, ainsi que l'indique son nom même. Il n'est nulle part question, dans cette loi, de proscrire des expressions ou mots précis, en particulier ceux que le français a depuis longtemps empruntés à l'anglais et qui sont bien assimilés. L'article 14, seul à aborder ce thème, stipule simplement que :

"l'emploi d'une marque de fabrique, de commerce ou de service constituée d'une expression ou d'un terme étrangers est interdit aux personnes morales de droit public dès lors qu'il existe une expression ou un terme français de mêmes sens approuvés dans les conditions prévues par les dispositions réglementaires relatives à l'enrichissement de la langue française."

Assortie de décrets d'application en août 1994 et en mars 1995, ainsi que d'un arrêté de mai 1995 portant agrément de diverses associations de défense du français afin qu'elles puissent agir en justice, la loi du 4 août 1994 "relative à l'emploi de la langue française", dite loi Toubon, se distingue des lois et projets de loi antérieurs mentionnés plus haut en ce qu'elle en étend la portée dans les domaines suivants : codes du travail, examens et concours, marques de fabrique, règlements intérieurs des entreprises, et surtout sanctions civiles, sans lesquelles elle ne serait qu'une déclaration d'intention et non une loi. Par ailleurs, cette loi mentionne expressément dès son article premier que :

"la langue française est le lien privilégié des États constituant la communauté de la francophonie".

L'intention du législateur est bien de faire respecter, à titre de modèle pour les autres pays francophones, le droit de tout citoyen français d'être informé dans sa langue. À cet égard, son intention est démocratique (selon la tradition jacobine). Il s'agit d'une loi de service, non d'une loi de contrainte. On ne peut lui dénier le mérite d'avoir au moins éveillé la sensibilité des usagers au nécessaire respect de la place du français en France, puisqu'elle prévoit, en cas d'infraction, des amendes de 5 000 francs si les contrevenants sont des personnes physiques et de 25 000 francs s'il s'agit de personnes morales. 795 interventions ont eu lieu en 1995, qui n'ont, cependant, donné lieu qu'à 51 procès-verbaux.

Il est utile de rappeler aussi que certaines parties des États-Unis eux-mêmes ne sont pas hostiles aux législations protectrices. Ainsi, face aux progrès constants de l'espagnol, en 1989, dix-sept États, parmi lesquels la Californie, la Floride, la Géorgie et l'Indiana, avaient inscrit dans leur Constitution le statut de l'anglais comme langue officielle.

K-Way, une marque bien française…

La loi Toubon n'est certes pas inutile quand on songe que de bons fabricants français de vêtements, comme Mc Gregor, K-Way ou Weston, croient devoir masquer sous ces noms angloïdes leur origine française.

Interview de M. Jacques Toubon, ministre de la Culture et de la Francophonie au moment du vote de la loi, nommé ministre de la Justice, Garde des Sceaux en mai 1995.

*Claude Hagè*ge : Monsieur le ministre, je considère la loi dite de votre nom, qui fut promulguée le 4 août, il y a exactement deux ans et qui est la loi relative à l'emploi de la langue française, comme la cinquième des grandes lois de l'histoire même du français, avec l'ordonnance de Villers-Cotterêts, en 1539, sous François Ier, puis la loi du 2 Thermidor, an II/1794, sous Robespierre, ensuite la loi Deixonne en 1951 et enfin la loi Bas-Lauriol en 1975. Cette loi porte des dispositions dans quatre domaines essentiels, l'enseignement, les services publics, le travail et la publicité ou les échanges. Quel en est l'objectif essentiel ?

Jacques Toubon : cette loi est elle-même un combat. Il est clair que la France n'est plus le centre du monde comme elle l'était au XVIIIᵉ siècle. Augmenter les positions du français dans le monde reste donc plus que jamais un combat. C'est l'un des objectifs de cette loi. L'autre est de lutter contre une forme de négligence, d'indifférence, qui, elle, nous appartient en propre, dont on ne peut faire porter la responsabilité sur les Américains ou Chinois. Il est clair que ce sont les Français qui, d'une certaine façon, se sont laissé aller, dans l'usage qu'ils font de leur langue, comme dans bien d'autres domaines.

Claude Hagège : quelles sont les nouveautés de cette loi ?

Jacques Toubon : la loi renforce les initiatives précédentes de trois manières. Elle est d'abord plus efficace par les sanctions qu'elle prévoit. Son champ d'application est ensuite plus large, puisqu'elle porte des dispositions dans un domaine qui, jusque-là, avait été ignoré, le monde du travail et de l'entreprise. Si l'on veut que la langue participe véritablement à ce lien social que nous voulons resserrer, elle doit en effet s'appliquer, en particulier, à cet univers qui constitue l'essentiel de notre vie. Enfin, et cela me paraît fondamental, ce texte veut montrer à nos concitoyens, et à tous les francophones à travers le monde, que le français est aujourd'hui capable, comme on le disait , dans le décret de création de l'Académie française, pour les arts et pour les sciences, de "créer" de la langue française. Et de faire naître des mots qui soient aussi contemporains que ceux que l'on lit dans les journaux anglais ou sur la façade des "fast-food".

Aujourd'hui, les commissions de terminologie vont continuer à travailler, dans chaque ministère, dans chaque administration. Elles feront rapport à l'Académie française, qui donnera son avis, et c'est le gouvernement qui déterminera ensuite, par décret, les mots qui seront obligatoirement utilisés, à tout le moins par le service public. Depuis que la loi s'applique, le seul point où l'on rencontre une vraie difficulté, ce sont les congrès et les conventions internationales. C'est pour cela d'ailleurs que le ministère de la Culture vient de lancer une aide à la traduction simultanée.

Claude Hagège : votre loi favorise-t-elle le multilinguisme ?

Jacques Toubon : bien-entendu, à l'intérieur de la France et à l'extérieur. Vous savez que tout notre combat est le combat "des trois langues". Ce que nous refusons, c'est cette espèce de face à face entre l'anglais, langue de communication internationale, et les autres langues nationales qui, peu à peu, disparaîtraient et seraient réduites à un usage local. Mon espoir est qu'en Europe, d'ici vingt ou vingt-cinq ans, si les règles de l'enseignement et les progrès de la pédagogie le permettent, tous les petits Européens seront capables de parler trois ou peut-être quatre langues de l'Europe.

Claude Hagège : absolument. Je le souhaite aussi fortement. Quelle a été la réaction des autres pays européens à cette initiative française ?

Jacques Toubon : mon projet de loi a, en quelque sorte, éveillé un débat, un sujet de méditation et d'action qui existe en réalité, à l'état latent, en France, et dans beaucoup de pays, et à beaucoup de niveaux. Je n'en prends qu'un seul exemple : à Bruxelles - ou à Luxembourg - dans les institutions de l'Union européenne, notre combat a réveillé un certain nombre de nos partenaires. L'Allemagne s'était en quelque sorte résolue à voir l'Union européenne fonctionner avec, en gros, principalement l'anglais et, de temps en temps, le français. Nous avons, par volonté politique, engagé un mouvement qui - je pense que c'est probablement l'élément le plus prometteur - rend ringarde et dépassée l'image d'un monde uniformisé par une langue internationale de communication, tandis qu'au contraire, l'image d'un monde multilingue, d'un monde dans lequel Babel se retrouve, apparaît aujourd'hui comme celle d'un avenir de progrès. Moi, je trouve que, nous n'aurions obtenu que cela par ce combat...

Claude Hagège : ce ne serait déjà pas si mal...

Jacques Toubon : ... nous aurions changé considérablement les choses. C'est grâce à ce combat que demain, nous pourrons, à la fois, défendre et illustrer le français, mais aussi toutes les autres langues, à travers le monde, qui en valent la peine, celles qui ont permis à Shakespeare de s'exprimer, mais aussi à Dante ou à Cervantès, à Goethe, à Borgès et Gandhi. Cela vaut la peine !

Claude Hagège : comment qualifieriez-vous le combat pour la francophonie ?

Jacques Toubon : le combat francophone est un combat pour l'ouverture et la diversité. Il consiste à dire aux pays dits "émergents" qu'aujourd'hui, ils ont d'autres réponses que celles qui leur sont proposées par le modèle marchand et culturel anglo-saxon. Et notamment, la réponse francophone, porteuse de valeurs, de culture, d'une tradition. De la même façon que demain, nous pourrons choisir nos programmes parmi cinquante ou soixante chaînes de télévision, de la même façon, nous pourrons utiliser nos propres moyens de nous exprimer, dans toute leur diversité, et c'est cela, la francophonie. Et je pense que, dans un monde où chacun veut affirmer sa propre identité, mais où aussi, l'échange international se multipliant, les solidarités, passives ou actives, sont de plus en plus fortes et indispensables, la francophonie est l'une de ces solidarités qui renforcent sans dissoudre. Dans le concert mondial, grâce aux voix multiples et solidaires de la francophonie, on s'entend beaucoup mieux et on est entendu beaucoup plus fort.

La loi Toubon vue par des spécialistes
de la communication

Pierre (publicitaire) : lorsque cette loi est sortie, il y a deux ans, contrairement au sentiment général, j'ai trouvé que c'était plutôt une bonne idée que de défendre la langue française. Simplement, avec ce petit "bémol" : il ne faut pas non plus exclure tout apport étranger dans une langue, parce qu'une langue qui le ferait finirait par mourir.

Evelyne (co-responsable d'un bureau de conseil en direction d'entreprise) : c'est vrai qu'on se fait beaucoup contaminer par les anglicismes ; on le fait par facilité ; souvent, on utilise un mot anglais parce que cela évite de chercher son correspondant en français, alors que ça n'apporte rien réellement ; on en a pris l'habitude, simplement.

Pierre : à l'heure où l'on parle de globalisation, de mondialisation, de délocalisation, on constate la domination économique du monde anglo-saxon. Si la France cherchait à développer une terminologie propre dans cet univers, ne prendrait-elle pas le risque de se placer en dehors de ce mouvement ? Est-ce que la langue peut être plus forte que l'économie et la finance ?

Evelyne : je crois que notre langue est trop belle pour être abîmée, mais en même temps notre culture est suffisamment riche pour pouvoir accepter, absorber des gènes qui viennent de l'extérieur, sans pour autant leur donner trop d'importance. Il est évident qu'il y a des mots qui sont loin d'être académiques. Simplement, pour pouvoir garder nos spécificités, on aura aussi besoin de faire preuve de créativité. Si nous ne trouvons pas cette créativité, si nous attendons tout des États-Unis, forcément, à un moment, la langue suivra aussi. Ce qu'il y a de meilleur pour l'eau, est-ce que ce n'est pas l'éponge ? L'éponge absorbe parfaitement bien l'eau, mais qui gagne ? Est-ce que c'est l'eau ou est-ce que c'est l'éponge ?

Gérard (publicitaire) : je pense que si l'esprit de cette loi est de protéger le consommateur, d'éviter que certains mots ne condamnent un produit à être mal compris, mal perçu, mal acheté, c'est une très bonne loi. Mais si, au contraire, c'est une loi qui interdit l'usage de certains mots, bien qu'ils n'aient pas de traduction réelle dans notre langue, je la trouverais excessive. Des termes de sport comme *snow-board, fun-board* n'ont pas de traduction en français. On ne peut pas dire, par exemple, *planche-joyeuse*.

LES RÉUNIONS INTERNATIONALES

Claude Hagège : dans les réunions de caractère international, un grand nombre de participants, dont l'anglais n'est pas l'idiome maternel, s'expriment cependant en anglais, dans un anglais mal dominé ou fautif pour certains, ou mieux dominé et moins fautif pour d'autres, mais jamais parfait, du fait qu'aucun n'est anglophone de naissance. Vous semble-t-il que cette situation soit juste ?

Marie-Pierre (co-responsable d'un bureau de conseil en direction d'entreprise) : non, elle est parfaitement injuste - par rapport aux anglophones de naissance - parce que personne ne peut avoir, dans une langue qui n'est pas sa langue maternelle, la finesse d'expression, l'humour, la drôlerie, la maîtrise du jeu entre le signifiant, le signifié. À moins d'être naturellement bilingue. De sorte que ceux qui s'expriment en anglais se sentent quelquefois dévalorisés, cela ajoute un stress qui complique la pensée qu'ils ont à exprimer.

Pierre : j'ai en effet constaté, dans plusieurs réunions auxquelles j'ai assisté, où effectivement toutes les communications se font en anglais, qu'un certain nombre de participants écoutent mais ne comprennent pas. Pour ne pas avoir l'air stupides vis-à-vis des autres, ils font comme s'ils comprenaient...

Claude Hagège : les autres croient-ils qu'ils comprennent ?

Pierre : on ne peut pas le savoir, mais tout le monde fait "comme si" ; en tout cas, effectivement, c'est le règne de l'apparence.

"L'EXCEPTION CULTURELLE"

Claude Hagège : nous savons que les représentants des États-Unis étaient extrêmement surpris, lors des négociations du GATT, quand ils se sont aperçu que les Européens souhaitaient instaurer une exception pour les produits culturels, dont le cinéma et d'autres. Exception dite "culturelle". En effet, dans l'état d'esprit américain, la culture est une marchandise, exactement au même titre que n'importe quel produit de l'industrie, par exemple, ou de tout autre domaine que l'on voudra. Entre l'agriculture et la culture, malgré l'élément préfixé, il n'y a pas de différence commerciale. Comment interprétez-vous le fait que nos représentants, nos ministres de tous les pays européens aient défendu, d'une façon si opiniâtre et en ne consentant pas à rien céder, les quotas dans les domaines de la chanson et du cinéma, comme un moyen qui, seul, pourrait permettre à ces produits culturels de vivre encore, de ne pas être étouffés par la concurrence américaine ? Quelle est votre position là-dessus ?

Pierre : j'aurais tendance à penser que le côté village gaulois, européen, en la matière, se justifie pour des raisons historiques, et donc, avec assez de mauvaise foi, à trouver ça normal. Je crois que le cinéma français, la chanson française, la littérature française relèvent d'un vrai savoir-faire, d'une vraie culture, possèdent de vrais talents, et à ce titre, nous avons le droit de les défendre contre les machines formidables qui sont envoyées des États-Unis. Pour les Américains, le marché français du cinéma, par exemple, est extrêmement important. Et, à partir du moment où un marché les intéresse, ils mettent tous les moyens pour le conquérir. Et, je crois que là, nous avons su donner l'exemple à nos amis européens, qui eux aussi ont une identité culturelle forte dans ce domaine. Je pense à l'Espagne, à l'Italie, bien que le cinéma italien ait peut-être aujourd'hui un peu plus de difficultés, à la Grande-Bretagne, qui, bien qu'anglo-saxonne, mais européenne quand même, arrive à produire un cinéma très différent du cinéma américain.

Claude Hagège : oui, absolument : anglophone mais européen.

Gérard : on constate en France une opposition entre une culture plutôt populaire et provinciale et une autre qui, elle, est beaucoup plus jeune, beaucoup plus branchée, où il y a une superposition de plusieurs langages : langages de banlieue, verlan, expressions américaines, qui vont avec la mode vestimentaire, mais aussi la manière d'écrire. Les "surfeurs" sur Internet, par exemple, ont des systèmes d'écriture rapide, des systèmes d'encodage, qui sont des sous-langages, permettant de gagner une vitesse considérable.

Le rap et la loi Toubon

Les membres de trois groupes de rap - Impact 91, Matew Star, 9 Respect - admirateurs de M.C. Solar (*), discutent avec Claude Hagège sur la langue française, avec du rap en impromptu.

Stef : moi je dis qu'à la base, la langue française elle est très riche. Elle est riche parce qu'il y a beaucoup de connotations par rapport aux différents mots ou sens

---

(*) Ces rappeurs d'une cité de la région parisienne ont, cependant, un style très personnel, et leur talent devrait leur valoir une certaine notoriété (note de l'auteur).

Jeunes rappeurs à St-Ouen (93).

qu'on veut utiliser. Quand moi j'écris un texte avec Baba-Slim, mon compère, mon alter ego, on essaie de donner une couleur à ce qu'on veut véhiculer.

Claude Hagège : le français vous paraît propice à cela ?

Gérard : oui, je pense, oui.

David : mais les mots en anglais, ils passent comme ça, en coup de vent quoi, on s'en rend même plus compte quoi, ils sont dans toutes nos conversations…

Claude Hagège : ils appartiennent au français.

David : voilà, je crois aussi. On écrit des textes avec le français comme il nous vient. Moi je sais que, sans se voiler la face, je parle le français que j'apprends au quotidien et que j'ai appris et qui, au fil du temps, a été vachement anglicisé quoi, ça je le sais.

Claude Hagège : bien sûr … américanisé.

Gérard : au quotidien quoi, rien qu'à regarder le "20 heures", c'est rempli d'anglicismes. De moi à plus petit, je pense qu'on apprend ce qu'on voit et ce qu'on entend au quotidien.

Stef : bon y'a des mots dont on se lasse, quoi… C'est vrai que, par exemple, au lieu d'utiliser des mots bien significatifs… on va dire par exemple *chek*, pour que ça remplace un blanc, c'est comme un blanc quoi…

Claude Hagège : oui... ah bon ? quel sens il a, ce mot *chek* ? En anglais, il signifie *vérifier*.

Mathieu : *chek* en fait c'est le mot standard, neutre... pour utiliser un verbe quoi, je veux dire euh : *tu me chek ton pull*, "tu me prêtes ton pull" ? en fait ça devient ...

Claude Hagège : ah bon, ça devient n'importe quel verbe ? Pour "tu me prêtes ton pull", on peut dire *tu me chek*, mais tu peux employer *chek* avec un sens autre que "prêter" ? Tu peux dire *j'ai cheké cette fille* pour dire que tu l'as vue ?

Mathieu : voilà exactement !

Claude Hagège : bon, c'est un mot passe-partout , qui est donc un emprunt particulier à l'anglais et peut s'employer dans n'importe quel sens. C'est intéressant.

Stef : disons que moi, en tant que rappeur, je sais que j'écris pour me faire comprendre des gens, pour donner des messages, diffuser des idées et mes idéaux. Bon je sais que si je restreins mon vocabulaire, ça sera pas compris par... tout le monde, quoi...

> *Le rêve américain, mon cul - mon rêve à moi c'est pas de finir mort - su'l'trottoir d'une rue - je n'veux pas qu'le dealer arpente le coin de ma rue - le sourire aux lèvres car sa came a été vendue - t'es pas content ici alors casse-toi de là - et en vitesse tu reviendras un canon scié entre les fesses (...) - les mentalités s'affaiss(t)ent comme la peste tu le vois - et c'est ça que je ne veux pas.*

Claude Hagège : si tu restreins les emprunts à l'anglais, tu veux dire ?

Stef : voilà.

David : et puis le français, c'est une langue qui doit vivre, quoi, vivre avec son temps. On vit dans une société française cosmopolite, le langage doit aussi être cosmopolite, quoi, il doit tourner, ça doit se "bâtardiser", comme on dit, quoi...

Stef : y'a même des mots en maghrébin, quoi aussi, ça nous arrive.

Claude Hagège : quoi par exemple ?

David : khouya...

Claude Hagège : *khouya* veut dire "mon frère"...

David : oui, tout à fait, *zarma* aussi...

Claude Hagège : au sens de "soi-disant" ? Ah tu dis *zarma*, comme en Tunisie. Donc vous vous servez de mots qui sont empruntés à l'arabe maghrébin...

Mathieu : au quotidien en fait, au quotidien, parce qu'on a tous des amis maghrébins, français, africains, latinos, on a tous des connaissances qui utilisent le vocabulaire qu'on apprend au quotidien, quoi.

David : le fait qu'on ait grandi dans une cité, c'est-à-dire qu'on se connaisse un petit peu tous, quoi, et le fait qu'on emprunte un peu le langage de chacun d'entre nous, ça nous permet aussi de nous comprendre.

Stef : bon, par exemple là *je dois prendre la turvoi pour aller à la rega parce que je dois bouger sur Ripa.*

Claude Hagège : ce sont des rimes en "a" ?

Stef : ben voilà... si j'avais dis : *je dois prendre la voiture pour aller à la gare pour aller sur Paris*, ça aurait pas rimé.

Claude Hagège : voilà un très bon exemple, hein.. ? enfin, il faut suivre aussi, hein ?

Stef : voilà... mais c'est vrai qu'il faut pas en abuser, parce que c'est incompréhensible pour certaines personnes, après.

Claude Hagège : en effet, le but n'est-il pas d'être compréhensible pour tout le monde ?

Gérard : tout à fait, mais des fois, il est bon de se cacher un peu, ou du moins de se mettre un peu dans le noir... C'est comme les "messes basses", quoi...

C'est chacun pour soi - les différences de croyance - nous mènent à trépas - je n'te respecte pas si tu n'penses pas comme moi - mentalité réprimée, est-ce vraiment la vérité ? - le sang qui coule dans mon cœur est aussi rouge que le tien - que tu sois juif, bouddhiste, musulman ou chrétien - l'important est le fait que tu sois humain - accepter les différences, tel est notre destin (...) - le monde est hypocrite, voici mon accusation (...) - je me pose la question, la question (bis) - sur la nature de l'homme - le devenir de l'homme. Je me pose LA question.

Claude Hagège : c'est bien, bravo Mathieu.

Mathieu : on se démène pas, c'est vrai, pour défendre un français, quoi. Nous en fait, on parle une langue qu'on nous a transmise, ça se fait instinctivement.

Claude Hagège : oui, votre intention, en fait, n'est pas de défendre le français explicitement.

Mathieu : non, voilà.

Claude Hagège : mais vous le faites. En fait, ça revient au même que si vous le faisiez. Vous ne vous considérez pas comme des défenseurs attitrés, naturellement, ce n'est pas votre vocation.

CONCLUSION

À travers des épisodes tantôt pacifiques et tantôt violents, à travers des actes de l'autorité politique relayés ou non par les lettrés et grammairiens, la langue française, au cours d'une longue histoire, a façonné son visage moderne, en même temps qu'elle a assuré son rayonnement jusque dans des territoires fort éloignés de son berceau d'origine.

S'affirmant successivement contre le latin, langue morte mais de prestige et de pouvoir, puis contre les idiomes régionaux, qu'elle a pourchassés jusqu'à les conduire presque tous au bord de l'extinction, elle en est venue à affronter aujourd'hui un adversaire beaucoup plus redoutable que tous ces rivaux d'autrefois.

Certes, on pourrait faire valoir qu'il est déraisonnable de vivre la diffusion mondiale de l'anglo-américain comme une entreprise de dépossession du français, ou comme un défi qui lui serait lancé. Car aussi bien, il ne semble pas que cette diffusion réponde à un plan concerté, qui viserait à nuire au français plus particulièrement qu'aux autres langues. Mais c'est précisément parce que le français a connu un passé éclatant, qu'il se trouve comme investi d'une mission : celle de témoigner en faveur de toutes les langues par l'action même qu'il conduit pour conserver son rang dans le monde contemporain.

D'une heureuse issue de cette entreprise dépend la sauvegarde de cette diversité qui, face aux puissances d'homogénéisation et d'abrasion des différences, fait toute la saveur de la vie culturelle, et de la vie tout court. Si l'histoire de la langue française est, depuis les origines, celle d'un combat, la présente étape en est une des plus graves. Le combat en faveur de la langue française est aussi, à plus d'un titre, un combat pour l'humanité.

Claude HAGÈGE (19 août 1996)

INDEX

INDEX DES NOMS DE PERSONNES

ANNEXES

BIBLIOGRAPHIE SÉLECTIVE

CHAPITRE 1
- F. Lot, "A quelle époque a-t-on cessé de parler latin" ? (*Archivium Latinitatis Medii Aevi*), 1931, V.
- F. Brunot, *Histoire de la langue française*, Paris, A. Colin, éd. 1966, t. I.
- P. Wolff, *Les origines linguistiques de l'Europe occidentale*, Paris, Hachette, 1970.
- B. Cerquiglini, *La naissance du français*, Paris, Presses Universitaires de France, 1991.

CHAPITRE 2
- Cl. Hagège, *Le souffle de la langue - Voies et destins des parlers d'Europe*, Paris, O. Jacob, 1992.
- J. P. Attal, *Faut-il donc simplifier l'anglais ?*, Paris, La Tribune Internationale des Langues Vivantes, éditeur, 1993.

CHAPITRE 3
- A. François, *Histoire de la langue française cultivée*, Genève, 1959, t. I.
- F. Brunot, *Histoire de la langue française*, Paris, A. Colin, éd. 1966, t. II.
- Cl. Hagège, *Le français et les siècles*, Paris, O. Jacob, 1987.

CHAPITRE 4
- A. François, *Histoire de la langue française cultivée*, Genève, 1959, t. I.

- F. Brunot, *Histoire de la langue française*, Paris, A. Colin, éd. 1966, t. II - IV.
- M. Fumaroli, *Trois institutions littéraires*, Paris, Gallimard, 1994.

Chapitre 5
- A. François, *Histoire de la langue française cultivée*, Genève, 1959, t. II.
- F. Brunot, *Histoire de la langue française*, Paris, A. Colin, éd. 1968, t. XI.
- R. Balibar et D. Laporte, *Le français national*, Paris, Hachette, 1974.
- M. de Certeau, D. Julia, J. Revel, *Une politique de la langue*, Paris, Gallimard, 1975.

Chapitre 6
- A. Meillet, *Les langues dans l'Europe nouvelle*, Paris, Payot, 1928.
- J. Chastenet, *Histoire de la troisième République*, Paris, Hachette, 1955 (vol. IV) et 1960 (vol. V).
- Cl. Hagège, *Le souffle de la langue - Voies et destins des parlers d'Europe*, Paris, O. Jacob, 1992.

Chapitre 7
- J. Rey-Debove et G. Gagnon, *Dictionnaire des anglicismes*, Paris, Le Robert, 1984.
- Cl. Hagège, *Le français et les siècles*, Paris, O. Jacob, 1987.

Chapitre 8
- Cl. Hagège, *Le français et les siècles*, Paris, O. Jacob, 1987.
- P. Martel, "L'héritage révolutionnaire : de Coquebert de Montbret à Deixonne", in *Les minorités en Europe*, sous la direction de H. Giordan, éd. Kimé, 1992, pp. 113-127.
- P. Martel, « Les langues "de France" et la France », in *Les régions et l'Europe des langues*, 8ᵉ colloque de la

Fédération pour les Langues Régionales dans l'Enseignement Public, Montpellier, Centre Régional des Enseignants d'Occitan, 1994, pp. 59-75.

CHAPITRE 9
- X. Deniau, *La francophonie*, Paris, Presses Universitaires de France, 1983.
- Cl. Hagège, *Le français et les siècles*, Paris, O. Jacob, 1987.

CHAPITRE 10
- *Journal Officiel*
- *Documentation française*

Table

CHAPITRE 3
EN FRANÇAIS ET NON AUTREMENT :
L'ORDONNANCE DE VILLERS-COTTERÊTS (1539)

CHAPITRE 4
NAISSANCE DE L'ACADÉMIE FRANÇAISE :
LA MAÎTRISE DU POUVOIR SUR LA LANGUE
DEVIENT ÉTROITE (1635)

CHAPITRE 5
LA LANGUE DE LA LIBERTÉ :
LE COMBAT POUR LE FRANÇAIS SOUS LA TERREUR (1794)

Table 185

CHAPITRE 9
LE FRANÇAIS EN PARTAGE :
L'ASSOCIATION DES FRANCOPHONES (1965)

CHAPITRE 10
LA LOI TOUBON (1994)

Du même auteur :

LE PROBLÈME LINGUISTIQUE DES PRÉPOSITIONS ET LA SOLUTION CHINOISE, Louvain/Paris, Éd. Peeters, 1975.

LA STRUCTURE DES LANGUES, Paris, PUF, coll. « Que sais-je ? », 1982.

L'HOMME DE PAROLES, Paris, Fayard, coll. « Le Temps des Sciences », 1985.

LE FRANÇAIS ET LES SIÈCLES, Paris, O. Jacob, 1987.

LE SOUFFLE DE LA LANGUE. VOIES ET DESTINS DES PARLERS D'EUROPE, Paris, O. Jacob, 1992.

L'ENFANT AUX DEUX LANGUES, Paris, O. Jacob, 1996.

HALTE À LA MORT DES LANGUES, Paris, O. Jacob, 2000.

COMBAT POUR LE FRANÇAIS : AU NOM DE LA DIVERSITÉ DES LANGUES ET DES CULTURES, O. Jacob, 2006.

LE SOUFFLE DE LA LANGUE, O. Jacob, 2008.

DE L'HÉBREU AU CHINOIS, Gallimard, 2009.

DICTIONNAIRE AMOREUX DES LANGUES, Plon, 2009.

LE COMBAT ENTRE L'ÉCRIVAIN ET SA LANGUE, Gallimard, 2009.

PARLER, C'EST TRICOTER, Éd. de l'Aube, 2010.
CONTRE LA PENSÉE UNIQUE, O. Jacob, 2012.

Le Livre de Poche s'engage pour
l'environnement en réduisant
l'empreinte carbone de ses livres.
Celle de cet exemplaire est de :
400 g éq. CO_2
Rendez-vous sur
www.livredepoche-durable.fr

PAPIER À BASE DE
FIBRES CERTIFIÉES

Achevé d'imprimer en novembre 2013, en France par
CPI Bussière à Saint-Amand-Montrond (Cher)
N° d'imprimeur : 2005531.
Dépôt légal 1re publication : juin 1998.
Édition 05 – novembre 2013
LIBRAIRIE GÉNÉRALE FRANÇAISE – 31, rue de Fleurus – 75278 Paris Cedex 06